일터에서 하나님을 경험하는 삶

마이크 로저스 • 데비 로저스 지음 | 박영철 옮김

일터에서 **하나님을 경험하는 삶**

2004년 3월 10일 · 제1판 1쇄 발행
2020년 12월 25일 · 제1판 10쇄 발행

지은이 마이크 로저스 · 데비 로저스
옮긴이 박영철

발행인 이요섭
기획 박찬익
편집 이지혜
디자인 박지혜
제작 박태훈
영업 김승훈, 김창윤, 정준용, 이대성

펴낸곳 요단출판사
등록 1973. 8. 23. 제13-10호
주소 07238) 서울특별시 영등포구 국회대로76길 10
기획 (02)2643-9155
영업 (02)2643-7290
Fax(02)2643-1877
구입 문의 요단인터넷서점 www.jordanbook.com

ISBN 978-89-350-0798-1
값 10,000원

본문에 인용된 성경 구절은 대한성서공회의 성경전서 개역개정판을 사용하였습니다.

*지도자 지침이 따로 준비되었습니다.

Everyday Discipleship Series®

Experiencing God IN YOUR WORKPLACE

The Kingdom Agenda

Mike and Debi Rogers

Jordan Press
Seoul, Korea
translated and used by permission of
LifeWay Press
Nashville, Tennessee

Second printing June 2001
ISBN 0-7673-3408-6

Dewey Decimal Classification: 248.5
Subject Heading: EVANGELISTIC WORK // WITNESSING // MINISTRY

This book is the text for course CG-0425
in the subject area Ministry in the
Church Growth Study Plan

Printed in the United States of America

LifeWay Press
127 Ninth Avenue, North
Nashville, Tennessee 37234

발행사

하나님을 경험하는 삶을 추구하는 동역자님께

교회와 그리스도인의 신앙훈련 프로그램 및 교재 보급에 앞장서 온 저희는 「하나님을 경험하는 삶」 후속 시리즈를 소개함으로써 귀하와 동역하게 된 것을 큰 기쁨으로 생각합니다. 이미 한국 교회에 소개되어 교회와 성도들에게 하나님을 경험하도록 인도하였던 「하나님을 경험하는 삶」은, 150,000부 이상 보급된 신앙훈련 교재로 크게 호평을 받고 있습니다. 이제 그 후속 프로그램으로 「일터에서 하나님을 경험하는 삶」과 「교회에서 함께 하나님을 경험하는 삶」을 한국 교회 앞에 소개하게 되었습니다.

「하나님을 경험하는 삶」 시리즈는 단순한 훈련 교재 그 이상으로, 하나님과 새로운 관계를 경험하며 영적 부흥과 각성을 경험하게 하고 있습니다. 「하나님을 경험하는 삶」 시리즈는 특정 교단을 위한 것이 아니라 하나님의 모든 교회와 그 지체를 위해 기획되었습니다. 이 교재와 함께 신앙을 훈련하다 보면, 그리스도인으로서 교회와 일터에서 어떤 삶을 살아야 할지 새롭게 각성하게 될 것입니다. 또한 이 교재를 개인과 그룹, 교회에서 함께 공부하면, 일터와 교회에서 하나님의 역사하시는 생생함을 경험할 수 있을 것입니다.

이 교재의 출간에 수고한 번역자, 진흥원 직원들의 수고에 감사드리며, 한국어 출간을 허락해 준 미국 Lifeway에도 감사드립니다. 이 교재를 공부하시는 모든 그리스도인들이 하나님의 임재와 역사하심을 일터와 교회, 그 현장에서 경험하시기를 기원합니다.

2004년 봄

기독교한국침례회 교회진흥원

원장 안병창

Contents
차례

제4단원 그리스도에 의해 회복된 일터

제5단원 하나님 나라 사역자

제6단원 하나님 나라 사역

저자와 만남

마이크와 데비 로저스는 베네수엘라에서 선교사로 섬겼으며 군대, 부동산, 은행, 중소기업, 인적자원부, 법인기업체 인력양성, 기독교 사역 등 다양한 일터의 경험을 가지고 있습니다.

마이크가 자신의 삶을 전적으로 주님께 헌신하기 전까지만 해도 그는 자신의 일터와 하나님의 연관성에 대하여 무지한 상태였습니다. "제가 일하는 곳은 하나님께서 방문하실 만한 그런 장소가 아니었습니다" 하고 마이크는 설명합니다. 그러나 시간이 지난 후 마이크와 데비는 하나님께서 그들의 일터에서 일어나는 사건들과 그 일터에서 일하는 사람들에게 능동적으로 영향을 미치며 참여하고 계시다는 것을 깨닫게 되었습니다.

이 책에서 마이크와 데비는 모든 그리스도인들이 그들이 하는 모든 일에 그리스도를 높이고, 다른 동료 그리스도인들과 함께 기도하며, 그들이 일터에서 진정 '빛과 소금' 의 역할을 감당하기를 즉, 그들의 일터의 삶속에 하나님 나라 계획(The Kingdom Agenda)안에 거하기를 격려하며 바라고 있습니다.

마이크 로저스는 하와이 호노룰루에 있는 샤미나드 대학교와 켄터키 루이빌에 있는 서든 신학 대학원을 졸업했습니다. 그는 미군 해병대에서 7년 동안 복무한 베트남 참전용사이기도 합니다. 주님께서 그를 사역으로 부르시기 전까지만 해도 마이크는 법인 기업체에서 인력양성과 개발을 담당하였었습니다. 그는 현재 CBMC International에서 사역지원부 책임자로서 70여 개국에 산재되어 있는 전문 사업가들에게, 그들의 일터에서 성경공부 모임과 서로돕기 동호회(support networks)를 시작하는 법을 가르치며 섬기고 있습니다. 마이크는 또한「일터에서 하나님을 경험하는 삶」주말 세미나를 인도하는 강사이기도 합니다.

데비는 뉴저지 트렌톤에 있는 토마스 에디슨 대학교 출신입니다. 데비는 자유작가, 파스텔 초상화가 그리고 가정주부입니다. 마이크와 데비에게는 서머(Summer)와 코리(Corey), 자부는 로빈(Robyn)이 있고 타일러(Tyler)라는 손자가 있습니다.

번역: 박영철

한양대학교 신문방송학과 졸업(학사, 석사)
침례신학대학원 졸업(신학석사)
미국 Southwestern 침례신학대학원 졸업(기독교육석사, 철학박사)
현 침례신학대학원 교수(실천신학)
현 전신자사역훈련원장

「모든 교인을 제자삼는 교회」등 다수 책 번역
「신앙생활 첫걸음」등 다수 성경공부 교재 저술

서론

당신은 아침마다 서둘러 샤워를 하고 옷을 챙겨 입고 출근할 준비를 합니다. 차를 운전하여 시내로 진입할 때 비로소 아침에 마신 커피 한 잔의 카페인이 당신의 몸 속에서 작용하는 것을 느끼기 시작합니다. 이제 겨우 화요일임에도 불구하고 직장에서의 경쟁이 또 다시 시작될 것을 생각하면 벌써 피곤함을 느낍니다.

주차장으로 들어가면서 당신은 여느 때와 다름없이 몸 속에서 일어나는 아드레날린의 급격한 증가를 느낍니다. '거인 죽이기' 의 하루가 다시 시작된 것입니다. 또 다시 스스로를 능력 있는 일꾼으로 무장시켜야 하는 하루입니다. 매일같이 반복되는 직장 동료들의 불만 가득한 얘기를 들어야 하는 하루인 것입니다. 당신은 일터에 도착하여 하루의 계획을 자세하게 검토해 봅니다. 그러면서 당신은 당신의 인생이 이 세상에 어떠한 기여도 하고 있지 못하다는 공허한 감정을 떨쳐 버리려고 노력합니다.

불행하게도 이것이 대부분의 사람들이 자신의 직장에 대해 느끼는 감정입니다. 그 원인은 사람들이 하나님 나라 계획보다는 세상의 계획에 따라 자신의 인생을 맞추어 가는 데에 있습니다. 우리는 당신에게 훨씬 더 좋은 방법을 제시하고 싶습니다. 우리 부부는 당신이 하나님의 인도하심으로 인습적인 사고방식과 관습의 틀을 벗어나는 방법을 배우는 데 헌신할 것을 도전합니다. 하나님께서는 우리가 일에 대하여 가지고 있는 사고방식을 바꾸기를 원하십니다! 예수님께서 말씀하셨습니다. "또 무리에게 이르시되 아무든지 나를 따라 오려거든 자기를 부인하고 날마다 제 십자가를 지고 나를 좇을 것이니라"(눅 9:23).

하나님의 계획은 우리에게 다음과 같은 것들을 요구합니다.

· 자기중심적인 삶의 형태를 버리고 하나님 중심적이 되어야 한다.
· 우리의 일터에서 하나님의 주권을 인정한다.
· 하나님께서 우리의 성품을 예수님 닮은 성품으로 빚으시도록 우리 자신을 맡겨드린다.

· 하나님의 뜻에 반하는 인간적인 원리와 우선 순위 그리고 행위 등을 버린다.
· 우리를 향하신 하나님의 계획을 인정하고 그것을 의지한다.
· 구속적인(redemptive) 관계성을 형성하여 어두움 가운데 하나님의 빛이 비추이게 한다.
· 하나님의 계획을 따를 때에 하나님께서 우리의 일터를 축복해 주실 것을 믿는다.

우리가 이러한 새로운 시각에 따라 살아갈 때에, 우리는 함께 일하는 사람들의 삶에 영향을 끼칠 수 있게 될 것입니다. 그 이유는 간단합니다. 우리의 선한 행실을 보고 사람들은 하나님께 영광을 돌릴 것이기 때문입니다. 하나님께서 영광 받으실 때에 그분은 사람들을 자신에게로 이끄실 것입니다. 하나님께서는 영적으로 죽어가고 있는 이 세상 가운데 당신의 구속의 계획을 이루어 나가는 데 있어서 우리들 각자에게 그 일에 동참할 수 있는 기회를 주십니다.

하나님 나라 계획은 당신의 아들이신 예수 그리스도를 통한 하나님과 인격적인 사랑의 관계에 의해 펼쳐집니다. 당신은 예수님을 통한 하나님과 사랑의 관계 가운데 들어가 있습니까?

만일 이 질문에 아니라고 답하거나 확신이 없다면 제3단원의 마지막 장으로 가서 어떻게 그 관계 속으로 들어갈 수 있는지 알아보십시오. 하나님께서는 당신을 사랑하시고 당신을 자신에게 이끄시기 위해 이미 당신의 삶 속에서 일하고 계십니다. 우리는 당신이 그분의 사랑에 반응하여 예수님을 당신의 구주와 주인으로 모셔들이시기를 기도합니다.

본 교재를 공부하면서 당신이 하나님의 왕국 계획에 따라 살기를 결단하게 되시기를 바라는 것이 우리의 간절한 소망입니다.

-마이크, 데비 로저스 부부-

제 1 단원

당신의 일터에 대한 하나님의 계획

God's Agenda in Your Workplace

단원목표

- 하나님 나라와 계획에 대한 각각의 정의를 내릴 수 있다.
- 당신의 일터를 확인할 수 있다.
- 당신의 일터를 변화시킬 수 있는 하나님 나라에 대한 세 가지 사실을 배운다.
- 하나님 나라의 사역자로서 예수님을 본받는다.
- 당신의 삶 가운데 하나님께서 어떻게 일하기 원하시는지를 깨닫게 된다.

암송구절

"너희는 먼저 그의 나라와 그의 의를 구하라 그리하면 이 모든 것을 너희에게 더하시리라"(마 6:33).

당신의 일터에 대한 하나님의 계획

God's Agenda in Your Workplace

"너희는 먼저 그의 나라와 그의 의를 구하라
그리하면 이 모든 것을 너희에게 더하시리라."(마 6:33)

나의 아내 데비(Debi)와 나는 베네수엘라의 카라카스에서 선교사로 사역한 적이 있었습니다. 한 번은 선교부가 제공해 준 새 차를 몰고 그 나라의 내륙으로 여행을 했는데, 그곳은 전국에 군 검문소가 산재해 있었습니다. 검문소를 통과할 때 자동차의 속력을 줄이면 경비하는 군인이 통과하도록 손으로 신호를 보내는 것이 일반적인 관례였습니다. 하지만 이번만큼은 정지 명령을 받고 검색을 받게 될 수도 있을 것이라는 생각을 하였습니다. 그곳은 부정부패가 만연한 곳이었기 때문에 검문소에서 새 자동차를 압수하지는 않을까 하는 염려도 있었습니다.

이틀 동안 여행을 했지만 한 번도 정지 명령을 받지 않았으나, 여행 목적지를 80킬로미터를 앞두고 정지 명령을 받게 되었습니다. 검문하는 군인이 나의 신분증과 자동차 관련 서류들을 살펴보았습니다. 그는 검문소 안으로 들어갔다가 다른 군인 한 명을 데리고 나왔습니다. 그리고는 나에게 데려온 군인을 내가 가는 목적지까지 태워줄 것을 요구했습니다. 그 군인이 옆구리에 기관총을 끼고 내 차에 오르는 동안 나는 조용히 기도했습니다.

검문소 보초인 파블로(Pablo)가 나에게 베네수엘라에 온 이유를 물었을 때, 나는 나의 간증을 들려주었습니다. 나는 이야기를 나누는 동안 하나님께서 일하고 계심을 알 수 있었습니다. 그의 군인으로서의 딱딱한 표정은 점차 사라지고 인간으로서의 참 모습이 나타나기 시작했습니다.

파블로는 수년 전에 누군가가 자신에게 예수 그리스도를 소개해 준 적이 있다고 말했습니다. 그는 예수께서 하나님의 아들이심을 믿었으며 자신이 그분을 따라야 한다는 것을 안다고 말했습니다. 나는 그에게 무엇 때문에 예수님을 따르지 못했는가를 물었습니다. 그는 다음과 같이 대답했습니다. "나는 그리스도인과 군인이 해야 하는 일을 동시에 할 수 없기 때문입니다. 내가 할 줄 아는 것은 이것뿐입니다. 나는 내가 하는 일이 옳은 일이 아니라는 사실을 잘 알지만 내겐 가족이 있고 그들을 먹여 살려야만 합니다."

말을 잠깐 멈추었다가 파블로는 눈물을 글썽이면서 계속 말을 이었습니다. "하나님께서 나를 용서해 주시기를 원합니다. 하지만 그분을 따르는 일을 하면서 동시에 나쁜 일을 할 수 없지 않겠습니까? 그렇게 하는 것은 예수님께 바르게 행동하는 것이 못되겠지요. 언젠가는 예수님께 저희 삶 전체를 드릴 수 있는 날이 오기를 바랄 뿐입니다."

나는 파블로의 솔직함에 놀라지 않을 수 없었습니다. 나는 그에게 '값싼 복음'을 판매하지 말아야 한다는 사실을 알았습니다. 그가 차에서 내리고 나서 나는 언젠가 그가 예수님을 따르기로 선택할 것을 기도했습니다.

이 경비병은 하나님의 부르심을 입은 자에게 세상과의 타협이란 거짓된 삶을 사는 것임을 알고 있었던 것입니다. 그는 그리스도를 자신의 주님으로 모시는 일과 동시에 '이전처럼 죄짓는 직업을 그대로 유지하는 일'을 할 수 없음을 잘 알고 있었습니다. 그는 자신의 삶에 대한 계획을 버리고 하나님의 계획을 따라 살아야 함을 알았던 것입니다.

당신은 어떻습니까? 당신은 혹 직업상의 삶과 신앙의 삶을 따로 분리해 놓고 살고 있지는 않습니까? 직장에서 하나님의 뜻에 속하지 않은 일을 명령받았을 때 당신은 어떻게 그것에 반응하십니까? 제1단원에서는 당신이 하나님 나라 계획에 따라 살기로 작정했을 때에 당신의 일터에 변화를 가지고 올 하나님 나라에 대한 세 가지 사실을 공부할 것입니다.

제1과

하나님 나라

The Kingdom of God

나(마이크)는 짐의 놀라운 성공에 대한 비결이 무엇인지 궁금하여 "당신은 어떻게 해서 이렇게 젊은 나이에 큰 회사의 사장이 될 수 있었습니까?" 라는 질문을 던진 적이 있습니다. 짐은 자신이 급속한 속도로 정상의 자리에 오르게 된 것을 회고하며 이렇게 말했습니다. "글쎄요, 제가 운이 좋았나 봅니다. 일할 때에 행운이 따라준 것이 한두 번이 아니었으니까요."

말단 사원으로 시작해서 높은 관리직으로까지 오른 사람들의 성공담을 듣는 것은 흥미진진한 일이 아닐 수 없습니다. 사람들은 성공한 이들의 성격과 습관 그리고 기술에 초점을 맞추어서 이러한 이야기들을 하곤 합니다. 우리는 성공한 사람들을 묘사하는 데 '솔선수범', '기지', '대처능력', '감동과 동기부여' 등과 같은 용어들을 사용합니다. 그들의 성공을 언급함에 있어서 하나님이 그들의 성공과 어떤 연유로든 관련되어 언급되는 것은 극히 드문 일로 보입니다.

짐이 계속해서 자신의 직업 가운데 있었던 "운이 좋았다"고 표현한 것에 관한 이야기를 들려주었을 때에, 나는 하나님께서 일하고 계신 모습을 발견할 수 있었습니다. 비록 짐 자신은 하나님의 은혜와 행적을 깨닫지 못하고 있었지만, 나는 짐이 자신의 주위에서 일하고 계신 하나님 나라를 깨닫고 목격하여 볼 수 있게 되기를 조용히 기도했습니다.

하나님 나라란 무엇인가?

예수님의 가르침과 사역의 핵심을 살펴보면 한 가지 두드러진 사실을 발견하게 됩니다. 바로 예수님께서는 하나님 나라 계획을 따라 사셨다는 것입니다. 예수님이 행하신 기적과 설교, 비유와 치유 사역 그리고 그분의 대화 속에는 주권자 아버지께서 하시는 일이 드러났습니다. 대다수의 사람들이 깨닫지는 못했지만 예수님의 삶 속에는 전능하신 하나님의 왕권과 권능이 분명하게 현존해 있었습니다.

예수님께서는 사람들로 하여금 회개하도록 부르셨습니다. 그 부르심의 요청은 그들의 인생에 있어서 극적인 변화를 요구하는 것이었습니다. 즉 자기 중심에서 하나님 중심으로의 변화였습니다. 그것은 인간이 본성적으로 죄에 의해 지배당하는 상태로부터 탈피하여 하나님의 신성과 주권 안으로 완벽하고 온전한 굴복으로의 전환인 것입니다. 하나님 나라에 대한 예수님의 복음은 사람들과 하나님과의 교제를 회복시켰습니다. 하나님이 통치하시고 우리가 그분께 순종하는 관계성 말입니다.

유대인 지도자들은 하나님 나라에 관해 로마 식민통치의 종식과 이스라엘의 국가로서의 확립과 같은 개념을 포함하는 매우 포괄적인 견해를 가지고 있습니다. 하지만 요한복음 18장 36절을 통해 예수님께서는 "내 나라는 이 세상에 속한 것이 아니라"고 말씀하고 계십니다.

♣ 다음의 항목들 중 하나님 나라를 가장 잘 묘사하는 것을 한 가지를 선택하십시오.

_____ 정치운동
_____ 사회제도
_____ 미래지향적 국가정부
_____ 지리적 영토
_____ 하나님의 주권에의 굴복

"가라사대 때가 찼고 하나님 나라가 가까왔으니 회개하고 복음을 믿으라 하시더라"(막 1:15).

하나님 나라는 그의 백성들의 마음 가운데 계신 하나님의 절대주권적 통치다.

하나님 나라는 정치적 운동이나 사회제도의 정립과 같은 것이 아닙니다. 지리적, 물리적인 영토는 더더욱 아닙니다. 많은 수의 사람들은 하나님 나라란 예수님의 재림과 함께 시작되는 미래 정부라고 믿기도 합니다. 하지만 위 질문에 대한 정확한 답은 마지막 항목입니다. 예수님은 하나님 나라가 가까왔다고 선포하셨습니다(막 1:15). 이 얼마나 반가운 소식입니까! 하나님 나라는 바로 지금 현존하고 있습니다. 하나님 나라는 그의 백성들의 마음 가운데 계신 하나님의 절대주권적 통치인 것입니다.

우리가 전능하신 하나님의 뜻에 굴복하며 살아갈 때에 우리는 하나님 나라를 경험하게 됩니다. 우리가 그분을 우리 인생의 주와 왕으로 인정하지 않을지라도 하나님은 주권자이십니다. 사람들이 그분께 주권을 내어드리지 않고 그의 존재를 무시하며 그분의 인도하심과 상관없이 살아간다 해도, 하나님은 여전히 우리의 삶 속에서 일하고 계십니다. 다음의 사실들을 묵상해 보십시오.

- 하나님께서 세상을 아름답게 지으시고 인간들로 하여금 그것을 돌보도록 하셨습니다.
- 인간들은 하나님을 배반하고 자신들의 방법을 택하는 죄를 지었습니다.
- 하나님께서는 이 세상 사람들과 관계를 회복하시기 위해 그의 아들을 보내셨습니다.
- 우리는 그의 아들을 십자가에 못박혀 죽게 했습니다.
- 하나님께서는 그의 아들을 죽음에서 부활시키셔서 자신의 죄를 회개하고 죄 사함을 믿음으로 받아들인, 즉 예수 그리스도를 주님으로 모시기로 결단한 수많은 영혼들을 구원하셨습니다.

이렇듯 하나님께서는 우리 인간들의 배반에도 불구하고 당신의 절대적인 목적을 달성하셨습니다. 하나님은 지금도 변함없이 당신의 뜻에서 벗어난 이 세상이 자신의 목적에 부합되도록 일하고 계십니다. 그분은 만유의 주재이십니다.

총애 받는 아들에서 종의 신분이 된 요셉

이번에는 재생이 불가능할 것 같은 최악의 환경에도 불구하고 극적인 성공을 이루어낸 요셉의 출세 과정을 살펴보기로 하겠습니다. 요셉의 생애를 통해서 우리는 우리 자신이 깨닫든지, 그렇지 못하든지 간에 하나님께서는 우리의 인생 가운데 역사하고 계심을 볼 수 있습니다.

요셉은 아브라함의 증손자였습니다. 그의 아버지인 야곱은 요셉을 다른 열한 형제들보다 더욱 사랑했습니다. 창세기 37장에서 50장까지의 내용은 요셉의 성공담을 담고 있습니다. 야곱이 요셉을 편애한다고 느낀 요셉의 형들은 그를 매우 질투하였습니다. 거기에다 요셉이 꾼 두 가지 꿈에 대한 자랑은 그에 대한 질투심을 부채질하는 것이었습니다. 꿈속에서 요셉의 가족들로 해석되어지는 물건들이 모두 요셉에게 절하는 것이었습니다. 형들의 분노는 극에 달하여 자신들의 형제인 요셉을 살해할 생각마저 갖게 되었습니다. 그러나 그를 죽이는 대신에 형들은 그를 애굽으로 향하는 미디안 상인들에게 종으로 팔아 넘겼습니다. 이 사건을 전환점으로 요셉의 생애는 극적인 변화를 맞이하게 되었습니다.

고향집이 가져다주는 몸과 마음의 위안은 온데간데 없이 사라졌습니다. 요셉은 더 이상 '총애받는 아들'의 신분을 누릴 수 없게 되었습니다. 그는 아버지인 야곱을 의지할 수도 없었습니다. 그가 의지할 수 있는 분은 오직 한 분 하나님뿐이었습니다. 이처럼 요셉은 하나님 나라 계획을 배울 수 있는 가장 적합한 위치에 서게 된 것입니다!

요셉은 하나님 나라 계획을 배울 수 있는 가장 적합한 위치에 서게 되었다.

♣ 미디안 상인들의 손에 이끌리어 애굽으로 팔려가는 요셉의 마음을 상상해 보십시오. 만일 당신이 요셉이었다면 어떤 감정이 들었겠습니까? 아래에 나열한 반응들 중 적합한 것에 표시하십시오.

_____ 내 꿈은 절대로 이루어지지 않을거야.
_____ 내 인생은 피어보지도 못하고 지는구나.
_____ 내가 이런 어려움을 겪는 것을 보면 큰 죄를 지었음이 틀림없어.

_____ 하나님은 나를 버리셨어.

_____ 기타 ______________________________

하나님 나라에 대한 첫 번째 사실

사실 1 : 하나님께서는 우리의 인식과 상관없이 우리의 주위에서 항상 일하신다.

"여호와께서 요셉과 함께하시므로 그가 형통한 자가 되어 그 주인 애굽 사람의 집에 있으니 그 주인이 여호와께서 그와 함께하심을 보며 또 여호와께서 그의 범사에 형통케 하심을 보았더라 요셉이 그 주인에게 은혜를 입어 섬기매 그가 요셉으로 가정 총무를 삼고 자기 소유를 다 그 손에 위임하니 그가 요셉에게 자기 집과 그 모든 소유물을 주관하게 한 때부터 여호와께서 요셉을 위하여 그 애굽 사람의 집에 복을 내리시므로 여호와의 복이 그의 집과 밭에 있는 모든 소유에 미친지라" (창 39:2-5) .

대다수의 사람들은 하나님의 일을 오로지 축복과 연관지어 생각합니다. 여기서 말하는 축복이란 재정적 횡재를 누리게 된다든지 질병으로부터의 치유 그리고 물질적인 부와 같은 것입니다. 성경의 관점은 단순히 이러한 물리적인 축복만을 말하지 않습니다. 성경에서 찾아볼 수 있는 축복은 하나님께서 사람들의 삶 가운데 일하시는 것입니다. 즉, 하나님에 의해 성품이 다듬어지고 인생이 인도되어지며, 역사가 만들어지는 것입니다. 최악의 시간이라고 여겨질 때에도 말입니다. 요셉은 장사꾼들의 손에 의해 애굽으로 끌려가는 바로 그 순간에 하나님께서 함께 하신다는 것을 확신했습니다. 어떻게 이 사실을 알 수 있습니까? 이야기의 후반부를 보면 분명해집니다. 그는 하나님의 동역자가 되었습니다. 요셉은 평범한 사람이었습니다. 그는 자신이 가족들과 하나님의 백성들을 구원하는 하나님의 도구가 될 줄은 상상도 못했을 것입니다. 하지만 하나님은 그 일을 이루셨습니다.

애굽에 도착한 요셉은 바로의 시위대장 보디발에게 다시 팔려갔습니다. 요셉이 그의 집에 머물러 일하는 동안 요셉과 보디발의 집에 어떤 일이 일어났습니까? 위에 있는 창세기 39:2-5 이야기를 읽으십시오.

♣ 요셉의 성공의 열쇠는 무엇이었습니까? 한 가지만 고르십시오.

_____ 요셉은 경영기술이 탁월했다.
_____ 그는 열심히 일했다.
_____ 그는 높은 수준의 교육을 받았다.
_____ 주님이 그와 함께 하셨다.

요셉은 지극히 평범한 사람이었다는 사실을 명심하십시오. 그에게 어떤 특별한 기술이 있었던 것이 아닙니다. 그는 고등교육을 받지도 못했습니다. 다만 주님께서 그와 함께 하시고 그가 행하는 모든 일을 축복하셨기 때문에 성공할 수 있었던 것입니다. 덕분에 주님을 알지 못하는 보디발의 집과 그의 사업이 하나님의 축복을 받았습니다. 요셉의 출세길이 전성기를 맞이할 준비를 하고 있었던 것입니다.

많은 경우에 우리는 하나님께서 일하고 계심을 깨닫지 못하며 살아갑니다. 그러나 하나님께서 일하고 계심은 의심의 여지가 없습니다. 하나님께서 일하시리라고는 생각할 수 없을 만큼 문제투성이인 곳에서조차도 하나님께서는 역사하십니다. 바로 당신의 직장과 같은 곳 말입니다.

♣ 하나님 나라에 관한 '사실1'을 묵상하십시오. 하나님께서 지금 당신의 삶 가운데서 어떤 일을 하고 계십니까? 아래의 빈 칸에 써 보십시오.

____
____
____
____

기도전략 시간을 내어 하나님께서 과거와 현재 당신의 삶 속에서 하고 계신 일에 대해 감사 드리십시오. 기쁠 때에나 어려움 가운데 직면해 있을 때에나 언제나 동일하게 동행하시며 역사하시는 그분께 감사하십시오. 하나님께서 당신의 직장에서 당신과 함께 일하는 사람들의 삶 가운데 어떤 일을 하고 계신지 보여주실 것을 요청하십시오.

제2과

세상의 계획

The World's Agenda

머피는 개인 법률사무실을 개업하였습니다. 그는 소송 사건들에 대한 사례비 방침을 세우려고 고심하던 중, 두 소송 사건이 마음에 걸렸습니다. 두 소송 모두 변호사를 고용하였을 때에 승소할 수 있는 사건들이었지만, 각각의 사건을 의뢰해 온 의뢰인들 모두 변호사를 고용할 만한 형편에 있는 사람들이 아니었습니다. 머피는 고민하던 중 경험이 많은 친구 변호사와 상의하였습니다. 그 경험 많은 친구는 머피에게 다음과 같이 조언해 주었습니다.

"머피, 이제 자네는 개인 법률사무실을 운영하고 있다는 사실을 잊지 말게. 사업을 하니 이익을 남겨야 할게 아닌가! 두 가지 소송 어떤 것도 시간만 걸릴 뿐 경제성이 없는 것들이니 좀더 돈벌이가 되는 사건들에 신경을 쓰도록 하게나. 내가 자네의 입장이라면 나는 맡지 않겠네."

당신이 머피라면 어떻게 하시겠습니까?

세상의 계획이란 무엇인가?

세상의 계획이란 하나님의 주권과 상관없이 일하고 살아가려는 인간들의 삶의 경향입니다. 우리는 어떤 문제에 대한 해답을 하나님의 뜻 안에서 해결하기보다는 우리 자신의 방법대로 풀려고 합니다. 세상의 계획은 인간의 본성을 따라 움직이며 인간의 욕구를 충족시키는 데 그 초점이 맞추어져 있습니다. 그것은 하나님께 대한 사랑보다는 자기 자신을 향한 사랑을 반영하는 것입니다.

세상의 계획이란 하나님의 주권과 상관없이 일하고 살아가려는 인간들의 삶의 경향이다.

"이 세상이나 세상에 있는 것들을 사랑치 말라 누구든지 세상을 사랑하면 아버지의 사랑이 그 속에 있지 아니하니 이는 세상에 있는 모든 것이 육신의 정욕과 안목의 정욕과 이생의 자랑이니 다 아버지께로 좇아 온 것이 아니요 세상으로 좇아 온 것이라" (요일 2:15-16).

♣ 위의 요한일서 2:15-16을 읽으십시오. 이 세상은 아버지이신 하나님과의 갈등 관계 가운데 있습니다. 어떤 갈등이 있는지 찾아 있는 대로 적어 보십시오.

오늘날 대부분의 사람들은 세상의 계획을 따라 일을 합니다. 현대 사회의 경제 체계는 사람들의 욕구를 만족시키려는 필요에 의해 영향을 받고 그것에 의해 지배당하고 있습니다.

♣ 세상 계획이 당신이 일하는 직장 속에서 어떤 영향을 미치고 있는지 생각해 보십시오. 그 내용을 모임에서 나누어 보십시오.

현 시대에 직장에서 그리스도인으로서 살아가는 것은 결코 쉬운 일이 아닙니다. 매순간 우리는 이 세상 사람들이 반응하는 것과는 다른 방법으로 반응하도록 요구하는 상황들에 직면하게 됩니다. 우리의 가치와 우선순위 그리고 동기가 하나님에 의해 조종받고 있다면 우리는 많은 경우에 직장 시스템과 우리가 잘 맞지 않는다는 사실을 발견하게 될 것입니다. 이러한 차이점은 사람들로 하여금 우리가 믿는 하나님의 모습을 보게 하는 기회가 되게 합니다.

종의 신분에서 죄수가 된 요셉

요셉이 애굽에 도착하여 보디발의 종으로 팔려간 후에도 그의 형편은 별로 달라질 것이 없었습니다. 거처하는 집과 일하는 환경이 조금 나아졌을 뿐 그는 여전히 노예였던 것입니다. "여호와께서 요셉과 함께하시므로 그가 형통한 자가 되어"(창 39:2)라고 성경은 묘사합니다. 여기서 우리가 알아할 것은 노예는 소유권이 전혀 없다는 사실입니다. 그렇다면 성경이 말하고 있듯이 요셉이 형통한 자가 되었다는 것은 무엇을 의미하는 것일까요? 성경을 조금 더 읽어나간다면, 요셉의 형통은 물질적인 부와 소유의 풍요로움이 아니었다는 사실이 명백하게 드러납니다. 오히려 그것은 일의 수고에 대한 번영이었습니다. 즉 하나님을 알지 못하는 보디발이었지만 하나님께서 요셉의 일을 축복하신다는 것을 볼 수 있었던 것입니다.

그러나 불행히도 요셉의 일 경력은 급격한 추락의 일로에 놓여 있었습니다. 그는 억울하게도 성 추문 사건-오늘날의 용어를 빌리자면-에 휘말려 들었습니다. 그러자 보디발의 아내가 그를 유혹해 왔습니다. 이에 대해 요셉은 단호하게 "내가 어찌 이 큰 악을 행하여 하나님께 득죄하리이까"(창 39:9)라고 거절합니다. 그러자 보디발의 아내는 요셉이 자신을 강간하려 했다는 거짓 고백을 했고, 그리하여 요셉은 감옥살이를 하는 신세가 되었습니다. 이러한 상황까지 이르렀음에도 불구하고 요셉은 하나님께서 순종하였습니다. 무슨 일이 일어났습니까? 요셉이 하나님께 실망하고 말았습니까?

그렇지 않습니다. 하나님께서는 하나님 나라의 목적을 이루는 데 이 모든 사건들을 사용하셨습니다. 요셉은 또 다시 밑바닥까지 내려갔습니다. 그러나 거기에 머무르지 않았습니다. 보디발의 아내의 비난에도 불구하고 하나님께서는 그와 동행하셔서 그의 유익을 위해 치밀하게 일하고 계셨습니다.

> "이에 요셉의 주인이 그를 잡아 옥에 넣으니 그 옥은 왕의 죄수를 가두는 곳이었더라 요셉이 옥에 갇혔으나 여호와께서 요셉과 함께하시고 그에게 인자를 더하사 전옥에게 은혜를 받게 하시매 전옥이 옥중 죄수를 다 요셉의 손에 맡기므로 그 제반 사무를 요셉이 처리하고 전옥은 그의 손에 맡긴 것을 무엇이든지 돌아보지 아니하였으니 이는 여호와께서 요셉과 함께하심이라 여호와께서 그의 범사에 형통케 하셨더라" (창 39:20-23).

♣ 창세기 39:20-23을 읽고 답하십시오. 요셉이 감옥 감독의 총애를 받게 된 이유가 무엇이었습니까? 하나만 고르십시오.

_____ 요셉에게 마침내 행운이 찾아온 것이다.
_____ 하나님께서 요셉을 감옥 감독의 마음에 들도록 만드셨다.
_____ 요셉이 감독에게 잘 보이도록 행동했다.
_____ 보디발이 그가 진급하도록 적극적으로 추천하였다.

요셉의 일 경력은 다시 한 번 상향 곡선을 타게 되었습니다. 단지 그의 능력으로 이렇게 된 것이 아니었습니다. 하나님께서 그의 삶 속에 동행하셨기 때문입니다. 하나님께서 요셉이 하는 일을 계속해서 축복하셨고, 이러한 축복은 감옥에서의 그의 삶에 영향을 끼쳤습니다. 마침내 하나님께서는 그에게 두 죄수의 꿈을 해석할 수 있는 기회를 주셨습니다. 요셉은 꿈을 해석하였고 하나님께 그 영광을 돌렸습니다. 요셉은 그들에게 "해석은 하나님께 있지 아니하니이까"(창 40:8)라고 말합니다.

요셉이 예언한 바대로 두 사람의 꿈이 현실화되자 이번에는 바로왕의 꿈 해석을 요청받게 됩니다. 바로는 창세기 41:15에서 요셉에게 다음과 같이 말합니다. "내가 한 꿈을 꾸었으나 그것을 해석하는 자가 없더니 들은즉 너는 꿈을 들으면 능히 푼다더라."

♣ 당신이 요셉이라면 바로의 이 요청에 어떤 대답을 하겠습니까? 대답에 표하십시오.

- ☐ 물론입니다. 그 꿈을 기꺼이 해석해 드리지요.
- ☐ 저는 그 일을 할 수 없습니다. 그것은 오로지 하나님께서만 하실 수 있는 일입니다.

우리들 대부분은 실추된 명예를 격상시킬 수 있는 기회이므로 곧바로 팔을 걷어 부치고 그 일에 나설 것입니다. 그렇지만 요셉은 자신이 가진 능력에 대해서 정직했습니다. "요셉이 바로에게 대답하여 가로되 이는 내게 있는 것이 아니라 하나님이 바로에게 평안한 대답을 하시리이다"(창 41:16).

하나님께서 그 꿈을 해몽하게 하셨고, 그는 일생에 다시 없을 진급을 하게 됩니다. 보디발의 경우에서와 같이 하나님을 믿지 아니한 바로가 요셉의 삶 가운데 함께 하시는 하나님의 역사를 깨닫게 된 것입니다. 바로는 그의 신하들에게 일렀습니다. "이와 같이 하나님의 신이 감동한 사람을 우리가 어찌 얻을 수 있으리요"(창 41:38). 다음 성경은 바로가 하나님께서 하시는 일을 인정하며 요셉에게 한 말입니다. 읽으십시오.

> "요셉에게 이르되 하나님이 이 모든 것을 네게 보이셨으니 너와 같이 명철하고 지혜 있는 자가 없도다 너는 내 집을 치리하라 내 백성이 다 네 명을 복종하리니 나는 너보다 높음이 보좌뿐이니라 바로가 또 요셉에게 이르되 내가 너로 애굽 온 땅을 총리하게 하노라 하고"(창 41:39-41).

요셉은 이번에는 물질적인 축복까지 받았습니다. 바로는 자신의 인장 반지를 빼어 요셉의 손가락에 끼우고 아름다운 옷과 보석으로 그를 치장시키고 멋진 마차를 주어, 애굽의 제2인자로서 대우해 주었습니다. 요셉은 마침내 정상의 자리에 오른 것입니다.

하나님 나라에 대한 두 번째 사실

사실 2 : 하나님은 사람들의 행위나 생각에 상관없이 하나님의 목적을 이루신다.

요셉의 부와 명성은 이 세상 기준에서 보는 성공이였지만, 그것은 결코 일에 대한 자신의 열심에서 얻은 결과가 아니라 하나님의 뜻을 따랐을 때에 얻어진 것이었습니다. 하나님 나라에서 성공의 개념은 이 세상의 성공의 기준과는 다릅니다. 하나님 나라 사역에 있어서 모든 성공과 결실의 근원은 하나님이십니다.

♣ 하나님 나라에 관한 '사실 2'를 읽으십시오. 요셉의 생애가 이 진리를 어떻게 증명해 줍니까?

____

____

____

____

♣ 사람들이 일터에서 당신의 삶을 볼 때 하나님께서 당신과 함께 하신다는 사실을 인정하게 됩니까?

☐ 예 ☐ 아니오

♣ 왼쪽에 나열된 세상 계획과 오른쪽의 인물들을 연결하십시오.

성적 매력 •	• 보디발
권력 •	• 바로
물질적인 부 •	• 보디발의 아내

기도 전략

당신의 삶의 영역 중 이 세상 계획을 따라 살았던 요소가 있다면 그것이 무엇인지 보여주시도록 간구하십시오. 하나님께 주권을 내어드리지 않고 스스로의 방법으로 일하려고 하는 당신의 성향을 고백하십시오. 그분이 당신의 인생의 주인이심을 인정하고 오늘 당신이 하는 모든 일들을 그의 주권 아래 복종시킬 것을 기도하십시오.

제3과

하나님 나라 계획

The Kingdom Agenda

좁은 단칸방 오두막집에서 촛불에 의지하여 학문을 닦은 한 사람이 있었습니다. 그는 비록 가난한 어린 시절을 보냈지만, 미국에서 가장 위대하고 영향력 있는 지도자가 되었습니다. 최근에 출판되어 나오는 일대기들은 그의 신앙에 대한 부분을 다루지 않으려는 경향이지만, 그가 남긴 많은 연설 내용 중에는 하나님께 대한 그의 믿음이 드러나 있습니다. 이 주인공은 다름 아닌 미국의 16대 대통령 아브라함 링컨입니다.

링컨은 대통령직을 수행하기 위해 워싱턴으로 떠나려는 그를 배웅하기 위해 모인 동료들과 마을 사람들에게 다음과 같이 자신의 믿음을 고백했습니다. "나와 동행하시고 여러분들과 함께 하시며 영원히 편재하신 그분께 대한 믿음이 있기에 우리의 모든 일이 형통할 것을 확신할 수 있습니다."[1)]

이 짧은 연설은 즉흥적인 것이었으며, 그가 남긴 다른 연설들만큼 잘 알려진 것도 아닙니다. 하지만 링컨이 대통령으로서 막대한 임무를 수행하기에 앞서 보잘것없는 태생이지만 일생동안 끊임없이 일해 오신 하나님께 대한 믿음을 표현한 것이었습니다. 요셉의 경우에서 살펴 본 바와 같이, 하나님께서는 링컨을 통해서 이 세상을 변화시키셨습니다.

---

1) 도날드 T. 필립스, 링컨의 지도력(뉴욕: 워너북스, 1992), 150.

죄수의 위치에서 총리의 자리에 오른 요셉

형들이 자신에게 절하는 요셉의 꿈은 그의 형제들이 먹을 식량을 찾아 애굽으로 내려오면서 현실화되었습니다. 하나님께서 바로의 꿈을 통해 다가올 기근에 대해서 계시하셨기 때문에, 요셉은 미리 식량을 저축하여 기근에 완벽하게 준비했습니다. 그 즈음에 요셉은 총리직을 맡고 있었고, 곡식을 판매하는 일을 담당하고 있었습니다. 자신의 인생 가운데 역사하시는 하나님을 경험한 요셉이었기에 그는 형들을 향해 끓어오르는 연민을 느낄 수 있었고 식량을 제공할 수 있었습니다.

과거에 형들이 요셉에게 행했던 일을 생각하면 '요셉이 어떻게 도울 마음을 먹을 수 있었을까' 하고 당신은 의아해할지도 모릅니다. 그에게는 형들에게 복수할 수 있는 분명한 명목이 있었으니 말입니다. 그러나 요셉은 복수하지 않았습니다. 요셉은 하나님께서 그의 인생을 향한 특별한 계획을 가지고 계시며 그분의 목적을 이루시기 위해 자신의 삶의 모든 상황들을 사용하셨다는 것을 알았기 때문입니다. 요셉은 하나님께서 주도권을 갖고 계시다는 사실을 알았기에 평안을 누릴 수 있었습니다.

그 일이 있은 후에 야곱과 그의 모든 가족들은 요셉이 거처하는 애굽으로 이사했습니다. 아버지 야곱이 죽자 형들은 요셉이 자신들에게 어떠한 조치를 내릴 것인지에 대한 두려움에 사로잡혔습니다.

> "요셉이 그들에게 이르되 두려워 마소서 내가 하나님을 대신하리이까 당신들은 나를 해하려 하였으나 하나님은 그것을 선으로 바꾸사 오늘과 같이 만민의 생명을 구원하게 하시려 하셨나니"(창 50:19-20).

♣ 요셉이 형들에게 한 말을 창세기 50:19-20에서 읽으십시오. 누군가 당신을 해하려고 하였으나 하나님께서 도리어 그것을 선하게 사용하신 일이 있었는지 생각해 보십시오. 기록하고 하나님의 보호하심에 감사드리십시오.

하나님 나라에 대한 세 번째 사실

사실 3 : 우리가 하나님의 일에 동참하고 그분의 뜻에 순종할 때 하나님께서는 우리와 우리 주변의 세상 가운데 역사하신다.

요셉 이야기는 한 인간의 단순한 성공담이 아닙니다. 그것은 역동적인 동역자의 관계를 보여주는 이야기입니다. 외국에서 팔려온 한 노예가 당시 세계에서 가장 막강한 나라의 운명을 좌우하게 된다는 것이 있을 수 있는 일입니까? 그것은 불가능한 일입니다. 그러나 한 사람의 노예일지라도 하나님과 함께 할 때에 이 세상을 변화시킬 수 있습니다.

♣ 요셉의 순종을 통해 하나님께서 이 세상 가운데 어떻게 역사하셨습니까? 창세기 50:22-26; 출애굽기 1:6; 그리고 신명기 4:37-38을 읽고 아래의 빈 칸에 당신의 답을 써 넣으십시오.

♣ 당신이 순종함으로 하나님께서 당신의 일터를 변화시키는 것을 볼 수 있습니까? 만일 그렇다고 동의한다면 그 사례를 생각나는 대로 적어 보십시오.

하나님께서는 단 한 번도 일터가 인간의 본성에 의해 지배당하도록 의도하신 적이 없습니다. 하나님께서 우리에게 일을 부여하신 것은 하나님 나라의 자연스러운 확장을 위한 일환입니다. 하나님 나라 계획은 단순히 일률적인 원칙이나 원리가 아닙니다. 그것은 하나님의 아들이신 예수 그리스도를 믿는 믿음을 통해 하나님과 진실한 사랑의 관계로 들어갈 때에 누리게 되는 우리들의 인생을 향한 하나님의 계획입니다. 우리는 하나님이 주관하시고 우리가 순종하는 동역의 관계를 예수님과 맺음으로 이 하나님 나라 계획을 경험할 수 있게 됩니다. 예수님께서 "내가 곧 길이요 진리요 생명이니 나로 말미암지 않고는 아버지께로 올 자가 없느니라"(요 14:6)라고 말씀하셨습니다. 예수 그리스도는 우리들이 매일의 삶 속에서 그리고 영원히 당신의 주권 안으로 들어오기를 원하십니다.

우리는 하나님이 주관하시고 우리가 순종하는 동역의 관계를 예수님과 맺음으로 이 하나님 나라 계획을 경험할 수 있게 된다.

기도 전략

당신의 마음을 하나님께 여십시오. 당신의 주변에서 일하시는 하나님 나라와 그의 역사를 볼 수 있는 눈을 주시도록 기도하십시오. 당신이 하나님 나라 계획을 따라 사는 삶을 살기 시작할 때에, 성령님이 친히 당신을 인도하시는 선생님이 되어 주실 것을 구하십시오.

제4과

일꾼의 모형

A Model worker

찰스 셸던의 「예수님이라면 어떻게 하실까」 개정판에서 던져지는 질문–만일 예수님께서 당신의 동네에 사셨고 당신이 당면해 있는 문제들에 부딛히셨다면 그분은 어떻게 하셨을까?–은 우리에게 깊은 생각을 자아내게 합니다.

셸던의 책에 등장하는 인물들은 일주일 동안 베드로전서 2:21의 원리를 따라 살도록 요청받습니다. "이를 위하여 너희가 부르심을 입었으니 그리스도도 너희를 위하여 고난을 받으사 너희에게 본을 끼쳐 그 자취를 따라오게 하려 하셨느니라." 당신은 스스로에게 '예수님께서 내 직장에서 일하신다면 어떻게 하셨을까?' 라고 질문해 본 적이 있습니까?

예수님은 어떤 태도로 일하셨는가?

"예수께서 저희에게 이르시되 내 아버지께서 이제까지 일하시니 나도 일한다 하시매" (요 5:17).

예수님의 경건한 성품이 우리의 본이 되듯이 또한 그분은 일꾼으로서 우리의 모본이십니다. 요한복음 5:17을 읽으십시오. 예수님께서 사람들과 더불어 이 땅에서 사시는 동안 그분은 일을 하셨습니다. 예수님께서 하신 일은 믿는 사람들의 마음에 하나님 나라를 건설하는 것이었습니다. 그분의 일터는 죄악이 가득한 세상이었습니다. 그는 하나님의 존재와 주권을 무시하며 살아가고 있는 사람들을 회개하게 하시기 위해 오셨습니다. 예수님께서는 죄의 형벌로부터 우리를 구원하고 하나님 아버지와 관계를 회복시키시기 위해 자신의 생명을 내어주셨습니다.

예수님은 어떻게 일하셨습니까? 만일 예수님이 어떤 태도로 일하셨는지를 안다면 우리는 하나님께서 일터에서 우리를 어떻게 사용하시기를 원하시는지 보다 잘 이해할 수 있게 될 것입니다.

> "너희 안에 이 마음을 품으라 곧 그리스도 예수의 마음이니 그는 근본 하나님의 본체시나 하나님과 동등됨을 취할 것으로 여기지 아니하시고 오히려 자기를 비어 종의 형체를 가져 사람들과 같이 되었고 사람의 모양으로 나타나셨으매 자기를 낮추시고 죽기까지 복종하셨으니 곧 십자가에 죽으심이라" (빌 2:5-8).

♣ 빌립보서 2:5-8을 읽으십시오. 다음 중 예수님이 자신의 일에 대해 가지신 태도를 가장 잘 묘사한 것은 무엇입니까?

_____ 권위주의적인 태도: 그가 명령하면 다른 사람들은 그것에 무조건 복종한다.

_____ 협동적인 태도: 그는 제자들간의 화합의 분위기를 만들기 위해 일하셨다.

_____ 종의 태도: 그는 주인의 명령에 순종했다.

하나님은 세상을 자신과 화목하게 하기를 원하셨습니다. 하나님의 목표는 그의 아들 예수 그리스도의 순종으로 말미암아 성취되었습니다. 예수님의 순종이 우리들의 삶의 질을 어떻게 바꾸어 놓았는지요. 예수님께서 하나님의 뜻에 순종하심으로 인하여 우리는 구원받게 되었습니다.

일하실 때에 예수님께서는 하나님의 말씀에 순종하는 종의 태도를 취하셨습니다. 하나님의 절대주권 아래 굴복하는 것을 예수님은 자신의 생명보다 더 중요하게 여기셨습니다.

"그러므로 예수께서 저희에게 이르시되 내가 진실로 진실로 너희에게 이르노니 아들이 아버지의 하시는 일을 보지 않고는 아무 것도 스스로 할 수 없나니 아버지께서 행하시는 그것을 아들도 그와 같이 행하느니라"(요 5:19).

♣ 요한복음 5:19을 읽고 답하십시오. 예수님께서는 매일의 계획을 어떤 방식으로 세우셨습니까?

____

____

예수님은 일에 대한 매일의 계획을 세울 때에 자신을 지도하는 중요한 진리 세 가지를 유대인 무리에게 말씀하십니다. 그 세 가지 진리는 다음과 같습니다.

· 아버지는 항상 일하고 계시다.
· 아들은 스스로 아무 것도 하지 못한다.
· 아들은 아버지께서 하시는 일만을 한다.

♣ 당신 자신을 일꾼의 모본이신 예수님과 비교해 보십시오. 그리고 다음의 질문들을 스스로에게 물으십시오.

· 나는 하나님께로부터 부여받은 업무로, 일터에서 최선을 다해야 하는 업무가 있는가?
· 나는 그 업무를 수행함에 있어서 하나님을 전적으로 신뢰하고 있는가?
· 나는 하나님께서 하시는 일에 동참하는가 아니면 내 자신의 계획에 따라 일을 하는가?

만일 당신이 위의 질문들에 대해 확실한 답을 할 수 없다면, 본 교재를 계속 공부해 나가면서 하나님께서 당신의 인생을 향한 목적을 더욱 분명하게 드러내 주시도록 기도하십시오.

하나님 나라 계획의 결정권

예수님께서는 단지 미래에 다가올 하나님 나라만을 위해서가 아니라 현재 이 세상에 속해 있는 하나님 나라 백성들의 마음에 하나님의 절대 주권을 회복하기 위해 오셨습니다. 하나님 나라 계획은 예수님을 통한 하나님과 동역관계로 우리를 부르십니다. 하나님과 동역관계란 하나님이 주권자이시고 우리가 순종하는 관계를 일컫습니다.

제2과에서 등장했던 머피를 기억하십니까? 그는 결국 수지가 맞지 않는 두 건의 소송에 대한 동료 변호사의 충고를 받아들이지 않기로 결정했습니다. 그날 저녁 그는 경건의 시간을 갖던 중 열왕기하 1장을 묵상하게 되었습니다. 열왕기하 1장에서 아하시야 왕은 사고로 병이 들게 되자 자신의 병이 회복 가능한 것인지를 알아보기 위해 그의 사자를 에그론의 신 바알세붑에게로 보냅니다. 선지자 엘리야는 이 일에 대해 "이스라엘에 하나님이 없어서 너희가 에그론의 신 바알세붑에게 물으러 가느냐"(왕하 1:3)고 말합니다.

머피는 이 본문을 묵상하던 중 하나님께서 말씀하고 계심을 깨닫게 되었습니다. 머피는 친구 변호사가 하나님께 대한 믿음이 없이 이 세상의 계획을 따라 사는 사람임을 알았습니다. 후에 그는 이 사건에 대해 이렇게 고백했습니다. "나는 하나님대신 바알 신을 섬기려 했던 것 같습니다. 나는 나의 삶 속에서 하나님께서 일하시도록 내 자신을 내어드렸고 경제적인 부분에 있어서도 하나님만을 의지하기로 결단하였습니다." 기도하며 고민한 끝에 그는 두 명의 의뢰인에게 전화를 걸어서 그들의 사건을 자신이 맡기로 한 것과 사례는 그들이 감당할 수 있을 만큼만 지불할 것을 통보했습니다.

머피는 이 일을 통해서 그리스도인들은 어떤 결정을 내릴 때에 하나님 나라 계획을 따라 이 세상의 신이 아닌 하나님을 의지해야 한다는 사실을 발견했습니다. 하나님께서는 우리들이 하나님의 뜻에 따라 결정을 내릴 때에 하나님만이 하실 수 있는 방법으로 우리의 일을 축복하십니다. 일에 대한 예수님의 본을 따르기 원한다면, 우리는 하나님과 올바른 관계를 맺고 그분의 뜻을 주의깊게 살피며 모든 상황 속에서 하나님의 말씀에 굴복해야 합니다.

♣ 일터에서 일에 대한 예수님의 모형이 당신의 결정권을 어느 정도 영향을 끼칩니까?

_____ 거의 영향을 미치지 않는다.
_____ 가끔 영향을 미친다.
_____ 거의 항상 영향을 미친다.

일을 대하는 예수님의 모형
- 하나님과 올바른 관계를 맺는다.
- 하나님의 뜻을 자세히 살펴본다.
- 모든 환경 가운데 하나님의 말씀에 순종한다.

♣ 옆에 있는 예수님의 모형의 세 가지 원리를 읽으셨습니까? 그 중에서 당신이 직장에서 적용할 수 있는 것을 골라 아래에 써 보십시오.

____

____

기도 전략

당신의 삶 속에 예수님의 모형이 있음을 감사하십시오. 예수님이 하나님의 뜻에 순종하셨듯이 당신도 하나님께 굴복할 수 있도록 구하십시오. 그리고 당신이 하나님의 일에 동참할 수 있도록 지금 당신의 일터에서 어떤 일을 하고 계신지 보여달라고 기도드리십시오.

제5과

하나님 나라 일터

The Kingdom Workplace

윌리엄은 초등학교에서 일합니다. 그는 교육계에 중요한 역할을 담당하고 있습니다. 그는 학교의 관리인이며 동시에 하나님 나라의 일꾼입니다.

윌리엄이 일을 할 때에 '주께 하듯이' 하는 태도가 분명하게 드러납니다. 매일 아침 그는 칠판을 깨끗이 지우고 화장실을 청소하며 책상을 반듯하게 정리합니다. 또한 윌리엄은 학생들이 잃어버린 책을 찾아주기도 합니다. 그는 정식 상담가는 아니지만 이혼의 어려움에 처해 있는 교사에게 상담을 해 주기도 합니다. 그는 크게 드러나지 않는 방법이지만 일터에서 자신의 믿음을 전하는 사역자로 섬기고 있습니다. 예수님께서 말씀하신 '빛과 소금'의 삶을 살고 있는 것입니다.

하나님께서는 윌리엄의 삶 가운데 일하고 계시고 그가 순종함으로 윌리엄의 주위에 있는 사람들까지 축복하십니다. 윌리엄이 일하는 학교가 바로 하나님 나라 일터입니다. 우리들의 모본이신 예수님이 그러하셨듯이 윌리엄은 다른 사람들을 섬기는 것을 통해 하나님을 섬기는 것입니다.

"사람이 나를 섬기려면 나를 따르라 나 있는 곳에 나를 섬기는 자도 거기 있으리니 사람이 나를 섬기면 내 아버지께서 저를 귀히 여기시리라"(요 12:26).

세속적인 것과 영적인 것

예수님 당시의 종교지도자들은 하나님의 일을 제한하는 세계관을 가지고 있었습니다. 예를 들어 그들은 하나님께서 예수님을 통해 안식일에 병자들을 치유하신다는 사실을 인정하지 않았습니다. 그들은 "안식일을 기억하여 거룩히 지키라"(출 20:8-11)는 하나님의 명령에 대해서 안식일에는 어떤 종류의 일도 엄격히 금해야 하는 것으로 이해했습니다. 그래서 예수님께서 38년 된 병자를 고치셨을 때 그 일을 목격한 무리들은 그것이 하나님께서 베푸신 이적이라고 믿지 않았습니다. 그들이 믿지 않은 유일한 이유는 그 일이 안식일에 일어났다는 사실 때문입니다(요 5:1-17). 그들은 당시 유행하던 사상, 전통, 문화 그리고 종교에 지배를 받았기 때문에 하나님께서 하시는 일을 볼 수 있는 눈이 없었습니다. 그들은 사상의 혁명적인 변화를 경험하지 못했기 때문에 하나님 나라를 볼 수 없었습니다.

예수님께서 이 땅에서 사역하시는 동안 그의 주위를 둘러쌌던 사람들과 현 세대를 살아가는 우리들은 무엇이 다릅니까? 혹시 우리들도 하나님의 일을 우리 삶의 특정 영역, 예를 들자면 교회에만 국한시키고 있는 것은 아닙니까? 사람들은 우리가 살고 있는 이 세상을 세속적인 것과 영적인 것으로 구분하려는 경향이 있습니다.

더 나아가서 사람들은 선택받은 어떤 특정한 종류의 사람들만 '하나님의 일'을 해야 한다는 의식에 사로잡혀 있습니다. 실제로 많은 사람들이 목사가 아니거나 교회 또는 교단에 소속되어 있는 직원이나 선교사가 아니면 '사역자'로 인식하지 않습니다. 하나님께서 사람들을 공사장 인부나 교통경찰관, 사무원, 정치인, 농부, 회계사, 과학자, 작가, 정신과 의사 등과 같은 직업으로 부르신다는 것은, 우리들의 전통적인 사고방식에서 벗어나는 것입니다. 우리는 하나님께서 이러한 종류의 직업과는 아무런 상관없는 분으로 간주하기도 합니다. 이러한 직업에 대해서 '세속적인 것'이라고 분류하고 하나님 보시기에 하찮은 직업이라고 생각합니다. 그러나 사실은 하나님께 매우 중요한 것들입니다. 하나님 나라는 교회 건물에 국한되어 있지 않기 때문입니다. 하나님 나라의 통치권은 사무실과 공장, 교실, 국회의사당, 관리실, 식당, 실험실 그리고 회의실에까지 이어집니다.

♣ 당신의 직업이 세상 계획의 관점에서는 세속적인 것이라고 간주된다 할지라도 사실은 그것이 영적인 직업인 이유를 써 보십시오.

나의 일터는 어디인가?

교재의 진도를 더 나가기 전에 일터의 정의를 내려보기로 하겠습니다. 일터는 하나님께서 우리가 거주하고 일하도록 우리를 있게 하신 곳입니다. 그곳은 우리가 영향을 미치는 우리의 활동 범위입니다. 우리는 때로 하나 이상의 일터에 속하기도 하며 일생 동안 다수의 일터에 몸담게 되기도 합니다. 하나님께서는 당신을 가정이나 병원, 공장, 방송국 또는 공사장에서 일하도록 부르셨을 수 있습니다. 여러분들 중에는 선생님, 간호사, 사업가, 건축업자, 목회자 등의 직업을 가지고 있을 것입니다. 아직 학업의 의무를 지고 있는 고등학생이나 대학생일 수도 있습니다. 혹은 직장에서 퇴직하고 여행을 하거나 자원봉사를 하는 사람도 있을 것입니다. 하나님께서 당신에게 맡기신 곳이 어디든지 간에 당신의 활동 범위 안에는 하나님께서 사랑하고 그의 나라의 백성이 되기를 원하는 사람들이 있습니다. 그곳이 바로 당신의 일터입니다.

당신의 일터는 당신이 영향을 미치는 당신의 활동 범위이다.

♣ 당신의 일터는 어디입니까?

♣ 당신은 당신의 일터에서 일하시는 하나님의 모습을 볼 수 있습니까? 만일 하나님께서 하시는 일을 발견하지 못하고 있다면 그 이유는 무엇일까요?

하나님께서 당신을 통해 일하시도록 자신을 내어드리지 않는 한, 당신은 하나님 나라의 가치를 지닌 일을 할 수 없다는 것이 하나님 나라 계획의 중요한 원리입니다. 하나님은 당신과 개인적인 사랑의 관계를 맺기 원하십니다. 당신이 하나님과 긴밀한 관계를 경험할 때 하나님께서는 당신이 처해 있는 환경과 상관없이 하나님 나라를 위해 당신으로 하여금 열매 맺는 삶을 살도록 하십니다.

> "그 후에 예수께서 디베랴 바다에서 또 제자들에게 자기를 나타내셨으니 나타내신 일이 이러하니라 … 시몬 베드로가 나는 물고기 잡으러 가노라 하매 저희가 우리도 함께 가겠다 하고 나가서 배에 올랐으나 이 밤에 아무것도 잡지 못하였더니 날이 새어갈 때에 예수께서 바닷가에 서셨으나 제자들이 예수신줄 알지 못하는지라 예수께서 이르시되 얘들아 너희에게 고기가 있느냐 대답하되 없나이다 가라사대 그물을 배 오른편에 던지라 그리하면 얻으리라 하신대 이에 던졌더니 고기가 많아 그물을 들 수 없더라"(요 21:1, 3-6).

♣ 요한복음 21:1, 3-6을 읽으십시오. 제자들이 예수님의 말씀을 순종하여 그물을 던지셨을 때에 어떤 일이 일어났습니까?

이것은 매우 대담해 보이는 명령입니다. 목수가 어부에게 낚시질 하는 법을 알려주니 말입니다. 제자들은 예수님께 이렇게 말을 했을 수도 있습니다. "고기 잡는 법에 관해서 당신보다는 우리가 더 잘 압니다. 전도와 제자훈련은 당신이 더 잘 알겠지만 낚시질에 관해서는 우리들이 대가입니다!"

이렇게 말하는 대신에 제자들은 그들의 일터에서 주님의 절대 주권적 통치에 완전히 굴복하여 그의 말씀에 순종하였습니다. 그 결과가 무엇이었습니까? 노동에 대한 풍성한 대가였습니다.

♣ 당신은 하나님과 진실된 사랑의 관계를 맺고 있습니까?

☐ 예　　　☐ 아니오

당신이 '아니오' 에 답하셨거나 확신이 없다면 지금 3단원의 마지막 장인 '그리스도인이 되는 방법' 을 펴서 읽으십시오.

♣ 하나님 나라 계획과 세상 계획을 당신 자신의 말로 비교해 보십시오.

	세상 계획	하나님 나라 계획
직장 상사	____________	____________
목적	____________	____________
결과	____________	____________

♣ 하나님 나라에 관한 세 가지 사실을 아래에 기록하십시오.

____

____

____

기도 전략

하나님께 당신이 하나님과 개인적인 관계를 맺기 원한다는 사실을 고백하십시오. 하나님이 만왕의 왕이시며 당신이 그분을 떠나서는 하나님 나라 수준의 일은 아무 것도 할 수 없음을 인정하십시오. 당신의 삶에 하나님께서 어떻게 일해 오셨는지 보여 주실 것을 간구하십시오. 하나님께서 당신이 형통한 삶을 살고 있었을 때나 곤경에 처해 있었을 때나 그리고 무엇보다도 당신이 깨닫지 못하고 있었을 순간에도 당신의 인생 가운데 일해 오셨음을 감사드리는 기도를 드리십시오.

하나님 나라에 대한 세 가지 사실

1. 하나님께서는 우리의 인식과 상관없이 우리의 주위에서 항상 일하신다.
2. 하나님은 사람들의 행위나 생각에 상관없이 하나님의 목적을 이루신다.
3. 우리가 하나님의 일에 동참하고 그분의 뜻에 순종할 때 하나님께서는 우리와 우리 주변의 세상 가운데 역사하신다.

제 2 단원

하나님이 의도하신 일터

The Workplace God Intended

단원목표

- 일터에 대한 하나님의 본래 의도를 이해한다.
- 하나님과 사랑의 관계성을 맺는 일에 집중한다.
- 하나님의 직무 내용과 우리의 직무 내용을 구분한다.
- 당신이 하나님과 맺고 있는 동역 관계의 깊이를 평가한다.

암송구절

"도적이 오는 것은 도적질하고 죽이고 멸망시키려는 것뿐이요 내가 온 것은 양으로 생명을 얻게 하고 더 풍성히 얻게 하려는 것이라"(요 10:10).

하나님이 의도하신 일터

The Workplace God Intended

"도적이 오는 것은 도적질하고 죽이고 멸망시키려는 것뿐이요
내가 온 것은 양으로 생명을 얻게 하고 더 풍성히 얻게 하려는 것이라"
(요 10:10).

짐은 자신의 냉·난방회사의 새로운 경영책임자를 결정하는 일로 고심하고 있었습니다. 짐은 여러 사람의 이력서를 받았고 그들을 면접했습니다. 그러나 아직도 '적절한' 사람을 결정할 수 없었습니다. 경영책임자야말로 회사에서 가장 중요한 직책이었습니다. 그 직책은 사업에 있어서 보수와 새로운 설비의 중요한 임무를 지닌 것이었습니다. 이 직책을 맡는 사람은 반드시 탁월한 행정가임과 동시에 다른 직원들과 적절히 협조관계를 이룰 수 있어야 합니다. 이 직책을 맡는 사람의 효율성이 사업의 성공여부를 좌우할 수 있었습니다.

짐은 응시자들의 이력서를 집으로 가지고 가서 다시 한 번 세밀하게 검토했습니다. 그 서류들을 검토한 뒤 그는 갑자기 자신이 이 결정에 관하여 기도하지 않았다는 사실을 깨닫게 되었습니다. 짐은 기도한 뒤 안락의자에서 잠이 들었습니다.

그날 밤 늦게 짐이 침실로 가려고 2층으로 올라갈 때, 스티브라는 사람의 이름이 마음에 떠올랐습니다. 스티브는 그리스도인은 아니었지만 오랜 친구였습니다. 짐은 그를 고려해 봐야겠다고 생각했지만 곧 "그건 우스꽝스러운 일이야. 스티브는 큰 사업을 하고 있기 때문에 우리 회사의 일에는 관심이 없을 거야"라고 중얼거렸습니다. 그러나 그러한 가능성을 생

각하면 생각할수록 스티브야말로 가장 적합한 사람이었습니다. 그는 잠을 쉽게 이룰 수 없었습니다.

그 다음날 아침에 짐은 스티브에게 전화를 걸었습니다. 놀랍게도 스티브는 지금 자신이 하고 있는 일에 대해 만족하지 못하고 있다는 사실을 알게 되었습니다. 짐이 스티브에게 자신의 회사의 경영책임자 직책을 맡아 줄 것을 제안하자, 스티브는 그 제안을 받아들였습니다. 후에 짐은 하나님께서 그에게 전화를 하도록 인도하셨음을 믿는다고 말했습니다. 계속해서 짐은 하나님께서 그 회사에서 일하고 계신 사실을 증거했습니다. 오래 되지 않아 스티브는 매일 하나님과 동행하는 짐의 삶을 보는 가운데 결국 하나님께 자신의 삶을 온전히 헌신하게 되었습니다.

제2단원을 공부하면서 당신은 하나님께서 의도하신 일터에 대해 배우게 될 것입니다. 그리고 일에 대해서 우리들이 가지고 있는 관념의 틀이 변화하는 것을 경험하게 될 것입니다. 예수님을 믿지 않는 사람들이 그리스도인 동료들의 삶 가운데 일하시는 하나님을 발견하고, 그분이 자신들의 삶에도 일하고 계시다는 사실을 인식하게 된다면 더 많은 사람들이 예수님을 믿게 되는 것은 당연한 일입니다.

하나님께서 계획하신 의도대로 일을 이해할 때에 오늘날 우리의 일터에서 오류를 발견하게 됩니다. 하나님께서 계획하신 일에 대한 가장 훌륭한 예는 인간의 타락 이전의 에덴동산에서 발견할 수 있습니다.

이제 에덴동산이라는 독특한 일터를 살펴보고 당신이 맡은 일을 새로운 관점으로 바라보게 되는 방법을 알려주시도록 하나님께 간구하십시오. 당신이 하는 일이 하나님께서 부여하신 것임을 인정함으로 예수님께서 약속하신 '풍성한 삶'을 경험하게 되기를 바랍니다.

제1과

하나님께서 지으신 최초의 일터

God's Original Workplace

나(마이크)는 일을 마치고 퇴근하는 길이었습니다. 가다서다를 반복하는 교통 체증이 극심한 시간이었습니다. 피곤이 몰려왔습니다. 나는 홀로 '인생을 좀더 의미있게 살 수 있는 방법은 없는 걸까?' 라고 생각했습니다. 나는 오로지 성공하고자 하는 욕망에 의해 움직이는 일 중독자가 되어 있었던 것입니다.

어느새 나의 생각은 과거의 즐거웠던 추억 속 한 장면으로 빠져 들어가 있었습니다. 나는 덩치 큰 할리 데이빗슨 상표 오토바이에 올라 앉아 바람을 가르며 산야 횡단에 나섰습니다. 그곳에는 요구하는 것도 없고, 사무실의 규정도 없으며, 직장 상사도 없었습니다. 오직 신선한 공기와 자유만이 있었습니다.

지난 날을 회고해 볼 때에 나는 세상 계획에 따라 일했음을 알 수 있습니다. 나에게는 하나님과 일 그리고 나 자신에 대한 새로운 시각이 필요했습니다. 나는 하나님께서 원래 일을 즐겁고 성취감 넘치는 경험으로 계획하셨다는 사실을 깨닫지 못했습니다.

일하시는 하나님

창세기 1-2장에 묘사되어 있는 하나님의 최초의 모습은 일하시는 하나님이십니다. 일은 하나님의 본질 가운데 하나입니다. 인간이 하나님의 형상을 따라 지음을 받았기 때문에, 일은 우리의 본질을 구성하는 중요한 요소이기도 합니다.

♣ 창세기 1장을 읽으십시오. 하나님의 활동을 묘사하는 동사를 찾아 써 보십시오.

♣ 하나님의 활동의 결과를 설명하는 단어는 무엇입니까(창 1:31)?

우리는 천지창조 기사 전반을 통해 일하시는 하나님을 보게 됩니다. 하나님은 말씀하시고, 계획하시고, 질서를 잡으시고, 창조하시고, 음식을 공급하시고, 지으신 모든 것을 복 주시는 등의 일을 하십니다. 하나님이 하신 모든 일은 최고의 품질을 자랑하는 것이었습니다. "하나님이 그 지으신 모든 것을 보시니 보시기에 심히 좋았더라"(창 1:31).

일이 하나님의 본질을 구성하는 요소라는 사실이 중요한 이유는 무엇일까요? 그것은 어제나 오늘이나 동일하신 하나님께서 태초에 일하셨듯이 우리의 삶과 일터에서 일하고 계시기 때문입니다. 하나님은 우리에게 최선의 것을 주기를 원하십니다. 따라서 하나님은 계속해서 모든 '좋은' 것을 창조하시고 전해 주십니다. 그는 자리를 비운 주인이 아니라 우리의 인생 가운데 일하시는 분이십니다.

> "너희 속에 착한 일을 시작하신 이가 그리스도 예수의 날까지 이루실 줄을 우리가 확신하노라"(빌 1:6).

> "너희 안에서 행하시는 이는 하나님이시니 자기의 기쁘신 뜻을 위하여 너희로 소원을 두고 행하게 하시나니"(빌 2:13).

"하나님의 지으시던 일이 일곱째 날이 이를 때에 마치니 그 지으시던 일이 다하므로 일곱째 날에 안식하시니라"(창 2:2).

♣ 빌립보서 1:6과 2:13을 읽으셨습니까? 하나님께서 당신 안에서 일하고 계십니다. 하나님께서 당신에게 이루기를 소원하시는 선한 일이 무엇입니까?

하나님은 항상 일하고 계십니다. 예수님은 우리가 사는 세상에서 일하셨습니다. 제1단원 4과에서 우리는 예수님께서, "내 아버지께서 이제까지 일하시니 나도 일한다"(요 5:17)라고 말씀하신 것을 이미 살펴보았습니다. 예수님은 지금도 하늘에서 우리들을 위해서 중보하는 일을 하고 계십니다. 히브리서 7:24-25을 읽으십시오.

> "예수는 영원히 계시므로 그 제사 직분도 갈리지 아니하나니 그러므로 자기를 힘입어 하나님께 나아가는 자들을 온전히 구원하실 수 있으니 이는 그가 항상 살아서 저희를 위하여 간구하심이니라"(히 7:24-25).

우리는 우리의 삶 속에서 역사하시는 하나님의 영감과 창조에 대해 경이로움과 놀라움을 체험하며 하나님께 올바른 태도로 나아가야 합니다. 또한 그분의 존재를 인식할 뿐만 아니라 하나님이 살아 계시지 않은 것처럼 일하고 살았던 이전 삶에 대해 회개해야 합니다.

일터에 대한 하나님의 의도

일터에 대한 하나님의 본래 의도의 가장 좋은 예는 인간의 타락 이전 하나님께서 창조하신 에덴동산의 일터에서 찾아볼 수 있습니다. 인류 최초의 일터에서 일한 분은 하나님만이 아닙니다. 아담과 하와가 하나님과 동역했습니다. 여기서 말하는 동역자란 하나님과 동등한 위치의 관계를 일컫는 말이 아닙니다. 하나님은 인간의 권력과 능력을 초월해 계신 분입니다. 하지만 그들이 하나님과 함께 일한 것은 사실입니다.

♣ **창세기 1:27-28을 다시 읽으십시오. 하나님께서 아담과 하와에게 맡겨 주신 일을 당신 자신의 말로 풀어 써 보십시오.**

____

____

____

____

창세기 2장에서 아담은 하나님께로부터 구체적인 임무를 부여받았습니다. 그는 정원사였으며 원예가이고 동시에 농부이자 동물학자였습니다. 아담은 세속적인 직업을 가졌다고 말할 수 있습니다. 하지만 하나님의 최초의 일터에서는 세속적인 것과 영적인 것의 구분이 없었습니다. 아담의 직업은 거룩한 것이었습니다. 왜 그 일이 거룩한 것입니까? 이유는 아담이 하나님과 바른 관계성을 맺고 있었기 때문입니다. 일이 세속적 혹은 영적으로 규정되는 것은 일 자체의 속성 때문이 아니라 하나님과 우리의 관계의 속성에 의해서입니다.

일이 세속적 혹은 영적으로 규정되는 것은 일 자체의 속성이 아니라 하나님과 우리와의 관계의 속성에 의한다.

성경은 죄가 분명하게 드러나는 직업을 제외하고, 하나님과의 동역 관계 가운데 하나님의 목적과 영광을 위해 행해지는 모든 일이 영적인 일이라고 가르칩니다. 이 말의 의미를 분명히 이해하시겠습니까? 다시 말하자면, 건물 관리인인 형은 도시 근교에서 큰 교회를 담임하며 목사로 사역하고 있는 그의 동생과 동일하게 중요한 영적인 임무를 하나님께로부터 부여받았다는 것입니다. 영적인 사명을 띠고 가르치는 학교 선생님이나 방글라데시에서 선교하는 선교사는 모두 하나님의 일을 하는 사람들입니다.

우리들의 죄악된 본성 때문에 우리는 직업을 생각할 때, 영적인 부류의 직업과 세속적인 부류의 직업으로 나누려는 경향이 있습니다. 사람들은 직업의 가치기준을 지위에 두고 하나님의 뜻보다는 인간들이 생각하는 가치기준에 따라 일을 구분합니다. 그러므로 예수님께서 "이와 같이 나중 된 자로서 먼저 되고 먼저 된 자로서 나중 되리라"(마 20:16)하고 사람들의 직업이나 일의 귀천에 대한 말씀을 하셨을 때 사람들은 도대체 이해를 하지 못하는 것입니다.

하나님께서 의도하신 일터는 하나님 나라가 어떠해야 할 것에 대한 예가 됩니다. 사도 바울은 다음과 같이 말했습니다. "하나님의 나라는 먹는 것과 마시는 것이 아니요 오직 성령 안에서 의와 평강과 희락이라 이로써 그리스도를 섬기는 자는 하나님께 기뻐하심을 받으며 사람에게도 칭찬을 받느니라"(롬 14:17-18).

하나님께서 부여하신 일터라면 그 일터는 거룩하다. 그리고 그 일터에서 일하는 당신의 업무에 주님께서 존재하시고 역사하신다.

직업이 부도덕하고 비윤리적이며 하나님의 뜻과 어긋나는 것이 아닌 이상 그 직업에 종사하는 사람이 하나님과의 바른 관계성 가운데 거하고 있다면 그 일은 영적인 일입니다. 이러한 관계성이 존재할 때에 일은 하나님을 경험하는 기회가 됩니다.

♣ 영적이 직업 요건은 무엇입니까? 해당되는 답을 모두 고르십시오.

_____ 교회와 같은 기독교 단체에서 일한다.
_____ 하나님께서 일 가운데 함께 하시고 그것에 개입하신다.
_____ 하나님께서 맡겨 주신 일이다.

♣ 영적이라고 생각되는 직업을 모두 고르십시오.

_____ 음악가 _____ 농부 _____ 도둑
_____ 정치가 _____ 회계사 _____ 매춘부

인격적인 사랑의 관계를 추구하시는 하나님

하나님은 아담과 하와와 함께 '동산에 거니시는' 것을 즐기셨습니다. 창 3:8 이 구절은 창조주와 인간 사이의 긴밀한 관계성을 아름답게 묘사하고 있는 한 폭의 그림과도 같습니다. 이것이 하나님께서 아담과 하와에게 추구하신 관계입니다. 하나님께서 먼저 다가오셨습니다. 하나님의 초청에 의한 교제는 그들에게 특권이었습니다.

당신은 하나님과의 교제 가운데 일하며 살도록 지음 받았습니다. 이 세상에서 당신의 운명은 매일 지속되는 역동적이며 생명력 넘치는 그분과의 관계에 의해 좌우되는 것입니다. 하나님은 당신과의 교제를 원하시며 당신이 그분께 의지하고 당신의 사랑과 찬양을 받기를 원하십니다.

기도 전략 하나님과 인격적인 관계를 맺게 해 주심을 감사드리십시오. 그리고 하나님의 영광과 목적을 드러내시기 위해 영적인 일을 허락하심을 감사하십시오. 하나님의 뜻이 당신의 삶과 일터에서 이루어지도록 전심으로 기도하십시오. 하나님께서 지금 당신의 주위에서 하시는 일이 무엇인지를 깨달아서 당신이 그 일에 동참하게 해 달라고 간구하십시오.

제2과

하나님의 직무 내용

God's Job Description

친구인 리사(Lisa)는 가정주부입니다. 최근에 그녀는 두 살짜리 아들 엘리엇이 한 말, "엄마는 아가해. 내가 대장할 거야!"를 듣고 깜짝 놀랐습니다. 자신의 귀를 믿을 수 없다는 듯이 그녀는 아들에게 물었습니다. "너, 방금 뭐라고 했니?" 엘리엇은 다시 한 번 "내가 대장이고 엄마가 아가야"라고 말했습니다. 어린 아들 엘리엇이 그들 모자 관계에 대한 우스꽝스러운 제안에 대해 리사는 터져 나오려는 웃음을 간신히 참았습니다.

당신은 어쩌면 이 이야기를 읽고는, '그게 다 미운 두 살이 거치는 과정이지!' 라고 생각하며 미소를 지었는지도 모릅니다. 하지만 자신의 엄마가 가진 권력 위에서 힘을 발휘하고자 한 엘리엇의 시도는 우리 인간들의 상태를 뚜렷이 보게 하는 통찰력을 제공합니다. 엘리엇은 우리들이 인정하지 않으려고 하는 인간의 상태를 표현한 것입니다. 엘리엇은 자신 자신이 인생의 주인이 되고자 하는 욕망을 드러낸 것입니다. 그는 자신만의 인생 계획을 세우기를 원하는 것입니다.

우리 모두는 인간 본성의 지배를 받아 만들어진 우리 자신의 인생 계획을 갖고 있습니다. 자신이 '대장' 이 아니라 하나님이 '대장' 이시고, 우리들이 그의 '아가들' 이라는 사실을 엘리엇에게 가르치는 책임은 그의 부모인 리사와 존 부부의 책임입니다.

하나님께서 부여하신 직무 내용을 이해함으로써 우리는 하나님의 계획을 따라 살 수 있습니다. 우리의 인생 가운데 함께 하시는 하나님의 네 가지 역할을 알아보도록 하겠습니다.

창조주 하나님

소아마비 백신을 개발한 사람의 이름을 아십니까? 그는 조나스 살크(Jonas Salk) 박사입니다. 그런데 정말로 살크 박사가 개발한 것일까요? 사실 살크는 소아마비 백신을 개발하는 데 있어서 하나님의 계시에 참여한 것뿐입니다. 백신을 구성하는 모든 요소들은 하나님께서 창조하신 것들입니다. 그는 단지 그것들을 적절히 배합시킨 것입니다. 우리의 임무는 성실함과 열심을 가지고 하나님의 계시에 우리를 맞추어 가는 것입니다. 인간은 교만하기 때문에 하나님께서 하신 일을 우리 자신의 영광으로 돌립니다.

하나님께서는 자신의 형상을 따라 인간을 창조하셨습니다. 인간이 하나님과 같을 수는 없지만, 몇 가지 영역에서 우리는 하나님을 닮았습니다. 그 중 대표적인 것이 창조적인 존재라는 점입니다. 개들은 새로운 식사법을 창조해 내지 않습니다. 창조력은 인간만이 소유한 능력입니다. 그러나 우리가 주의해야 할 점은 우리의 노력을 하나님의 일과 혼동하지 말아야 한다는 것입니다. 하나님께서는 인간들이 일할 때에 필요한 모든 물질을 태초부터 이미 창조해 놓으셨습니다. 그것은 우리를 향하신 하나님의 사랑과 관심에서 비롯된 것입니다. 하나님은 우리의 필요를 채우시기 위해 지금도 일하고 계십니다.

> "우리 주 하나님이여 영광과 존귀와 능력을 받으시는 것이 합당하오니 주께서 만물을 지으신지라 만물이 주의 뜻대로 있었고 또 지으심을 받았나이다 하더라"(계 4:11).

♣ 요한계시록 4:11을 읽으십시오. 하나님이 우리의 찬양을 받으시기에 합당하신 이유가 무엇입니까?

____

____

주도권을 가지신 하나님

모든 일의 시작은 언제나 하나님께서 하시는 것입니다. 아무 것도 없었던 '태초'에 그 암흑과 혼돈의 와중에서도 창조의 일을 시작하신 분은 하나님이십니다. 아담이 자신을 창조해 달라고 하나님께 먼저 말한 적이 없습니다. 하와가 하나님께 아담을 배필로 달라고 먼저 제시한 것도 아닙니다. 모든 것의 '시작'은 하나님께서 하신 것입니다.

하나님은 관계를 주도하시기 위해 항상 우리의 삶 속에서 일하시며 그것을 통해 궁극적으로 자신의 목적을 달성하십니다. 요셉의 경우는 어떠했습니까? 하나님께서 요셉의 인생에 주도권을 가지고 일하신 결과 한 민족의 지속적인 생존을 가져다 주었습니다. 요셉의 삶과 일 가운데 성공 과정이 지속되었던 것은 요셉 자신이 주도한 것이 아니라 하나님께서 그의 사고의 범위를 넘어서서 일을 하셨고 관계를 형성하셨으며 지혜와 지식을 허락하셨기 때문입니다. 요셉이 한 일은 하나님의 뜻에 성실하게 순종한 것뿐입니다.

♣ 당신의 삶의 주도권을 갖고 계신 하나님께 감사하는 시간을 가지십시오. 당신이 겪은 사건, 관계 또는 생각들 중 하나님께서 일하신 결과로 경험하게 된 것이 무엇인지 생각해 보십시오. 그리고 그것을 써 보십시오. 당신의 성경공부 그룹에서 그 내용을 함께 나누십시오.

____

____

____

____

절대 주권적 통치자 하나님

하나님께서 만드신 최초의 일터에는 매우 특별한 관계성이 있었습니다. 그 관계성은 창조주이신 하나님과 그의 피조물인 인간 사이에 맺어진 동역자 관계였습니다. 그 관계성에는 뚜렷한 역할 분담이 존재했습니다. 동역자 관계에서 주권적인 분이 누구인가에 대한 의심의 여지가 전혀 없었습니다.

이 세상과 세상에 속한 모든 인류가 하나님의 소유이기 때문에 그분은 절대 주권자이시며 만왕의 왕이십니다. 하나님은 자신의 뜻대로 통치할 권리를 갖고 계십니다. 우리가 최선의 삶을 살기 위하여 무엇을 해야 하는지 하나님은 알고 계십니다. 본 단원의 암송구절인 요한복음 10:10을 기억하십니까? 하나님의 뜻과 목적은 의심하기 위해 존재하는 것이 아니라 순종하기 위한 것입니다.

♣ 사람들이 하나님께 자신의 일에 대한 인도하심을 구하지 않는 이유가 무엇인지 그 이유들을 골라 보십시오.

_____ 하나님께서 자신의 뜻을 보여 주실 것에 대한 믿음이 없다.
_____ 하나님께서 나의 일터에 대해 관심을 갖고 계시다는 사실을 믿지 않는다.
_____ 하나님께서 모든 것을 알고 계시다는 믿음이 없다.
_____ 하나님의 뜻에 순종하는 것에 대해 반항한다.

만일에 하나님이 잔인한 독재자였다면, 그의 통치권 아래에 있는 것은 참으로 힘겨울 것입니다. 만일 하나님이 나쁜 동기에 의해 일하는 악한 분이었다면,우리는 그분께 순종하기를 싫어할 것입니다. 하지만 하나님은 완벽한 사랑의 하나님이십니다. 하나님은 언제나 우리의 인생에서 최선의 것을 받기를 원하십니다. 하나님의 절대 주권적 통치에 굴복하는 것은 우리를 인생의 목적과 성취로 인도하는 기쁨이 됩니다.

♣ 하나님의 절대 주권적 통치에 굴복해야 하는 최적의 이유를 다음에서 고르십시오.

_____ 나를 만드신 분이 하나님이시기 때문에 그분은 나의 최대 관심사가 무엇인지 아신다.
_____ 하나님은 나를 사랑하시고 돌보신다. 따라서 합당하며 적합한 일

을 하도록 나를 인도하신다.

_____ 이 세상과 그 속에 속한 모든 사람들이 하나님의 것이다. 따라서 하나님은 나의 일과 인생을 지도하실 절대 주권적 통치권을 가지고 계시다.

_____ 하나님께서 나를 위해 많은 일들을 하셨기 때문에 내가 충성하며 순종해야 한다.

공급자 하나님

최초의 일터에서 볼 수 있듯이 하나님께서는 우리가 살아가며 일하기 위해서 필요한 모든 것들, 즉 물과 음식, 햇빛, 심지어 배우자와 애완동물까지 공급해 주셨습니다. 아담과 하와는 삶을 보살펴 주시는 하나님을 의지하며 살았습니다. 그들이 심은 곡식은 하나님께로부터 나온 것입니다. 오늘날에는 교배를 하기도 하지만 근본이 되는 씨앗의 출현은 창세기 1:1로 거슬러 올라갑니다.

우리가 종사하고 있는 많은 직업들은 우리 스스로가 필요를 공급하고 있다는 착각을 하게 합니다. 우리는 성공의 요인을 자신의 지능, 재정관리 능력, 능숙한 일 처리, 심지어 성격에 두기도 합니다. 우리의 인맥이나 가문 또는 열심히 공부한 결과라고 생각합니다. 하나님께서 공급하시는 것을 당연한 것으로 여기기도 하고 아예 무시해 버리기도 합니다.

농부라는 직업은 부러움의 대상이 됩니다. 그들은 농작물의 풍작 또는 흉작의 운명이 기후에 달려 있다는 사실과 자신이 기후를 조정할 수 없다는 사실을 알기 때문입니다. 하나님은 의로운 자와 불의한 자 모두에게 비를 내리게 하실 수 있는 분입니다(마 5:45을 참고하십시오). 하나님의 공급하심을 인정하는 것은 하나님이 창조주이시고 우리는 그의 피조물이라는 사실을 상기시켜 줍니다.

하나님의 공급하심을 인정하는 것은, 하나님이 창조주이시고 우리는 그의 피조물이라는 사실을 상기시켜 준다.

♣ 당신이 일터에서 의지하는 원료나 자원에는 어떤 것들이 있습니까? 있는 대로 적어 보십시오.

____

____

____

____

♣ 창세기 1장 말씀을 다시 묵상하고 그것이 나타내는 하나님의 역할이 무엇인지 연결하십시오. 좌측의 하나님의 사역 항목과 우측에 나열되어 있는 하나님의 역할 항목을 짝지으십시오.

"태초에" •	
"빛이 있으라" •	• 창조주
"우리가 사람을 만들고" •	• 주도권자
"너희 식물이 되리라" •	• 절대 주권적 통치자
"하나님의 지으시던 일이… 마치니" •	• 공급자
"하나님의 신은 수면에 운행하시니라" •	

♣ 당신이 삶 속에서 하나님의 통치를 거부하고 그분의 공급하심에 대한 감사함이 없었던 때가 있었습니까? 아래에 적어 보십시오.

____

____

____

____

기도 전략

하나님의 놀라운 창조 사역에 대해 감사하십시오. 당신의 삶과 일 가운데 하나님의 통치하심을 거부했던 때를 생각하며 그 죄를 자백하십시오. 하나님의 주도권과 공급을 의지하며 당신의 직장에서 하나님께 순종할 것을 결단하는 기도를 드리십시오.

제3과

우리의 직무내용

Our Job Description

"여호와 하나님이 동방의 에덴에 동산을 창설하시고 그 지으신 사람을 거기 두시고 … 여호와 하나님이 그 사람을 이끌어 에덴동산에 두사 그것을 다스리며 지키게 하시고"(창 2:8, 15).

친구인 베티(Betty)는 어느 큰 출판사로부터 제안받은 일에 대해 숙고하고 있었습니다. 그녀는 자신에게 배당될 일에 대한 직무 내용 설명서를 요청했습니다. 그녀는 그날 밤 그 설명서를 남편에게 보여 주며 "읽어보고 당신의 생각을 말씀해 주세요"라고 남편에게 말했습니다.

몇 분이 흐른 후, 남편은 그것을 다시 아내인 베티에게 건내며, "딱 당신이군!" 하고 말하는 것이었습니다. 베티는 그 제안을 받아들였고, 두 해가 지난 후 "제가 하는 일은 마치 손에 꼭 맞는 장갑처럼 제 적성에 꼭 맞아요. 저에게 잘 맞는 일을 할 수 있어서 기쁩니다"라고 말할 수 있었습니다.

이와 같이 하나님께서 우리를 위해 계획하신 직무 내용을 따라 살아갈 때에 우리들도 '손에 잘 맞는 장갑'과 같은 경험을 할 수 있습니다. 하나님께서는 우리에게 부여하신 직무 내용에 대해 우리가 어떤 반응을 하기를 원하시겠습니까?

하나님의 창조물과 협력적인 관계를 맺음

하나님께서는 동물들을 창조하시며 그것들을 아담에게 보내셨습니다. 아담은 갖가지 동물들의 이름 짓는 일을 통해 하나님과 협력의 관계를 이루었습니다. 아담의 일터는 하나님의 절대 주권적 통치가 이루어지고 인간이 순종하는 일터였습니다. 하나님께서 동행하시고 당신의 뜻을 이루시기 위해 아담과 더불어 일하셨기 때문에 그곳은 거룩한 일터였습니다. 하나님께서 계획하신 방법인 것입니다. 어떤 결과를 낳았습니까? 그들은 놀라운 일들을 이룩해 냈습니다.

당신은 그들이 매우 특별한 관계, 즉 하나님 나라에서의 완벽한 동역자 관계였음을 고백할 것입니다. 하나님께서 통치하시고 아담과 하와가 하나님과 협력 관계 말입니다.

우리 모두가 하나님과 협력 관계를 맺고 있다면 우리가 사는 이 세상이 얼마나 좋은 세상이 될지 상상해 보십시오. 오염과 지구 온난화 현상을 생각해 보십시오. 인간들은 생육하고 번성하여 땅을 정복하라는 하나님의 말씀에서 떠났습니다(창 1:28을 참고하십시오). 인간들은 땅을 파괴시키고 있습니다! 하나님과 협력한다는 말은 하나님께서 우리에게 주신 것들에 대한 청지기 역할을 감당한다는 의미를 포함하는 것입니다.

♣ 최초의 일터에서 아담이 협력적이지 않고 수동적이었거나, 반대로 공격적이었다면 그의 역할분담에는 어떤 변화가 있었을까요?

___

___

___

___

하나님의 주도권에 반응함

하나님께서 태초에 계획하신 일터에서의 일은 아담과 하와가 하나님을 경험할 수 있는 기회였습니다. 하나님께서 창조사역을 주도하셨고 그들은 자발적인 조력자인 동시에 동역자였습니다.

하나님은 당신이 불가능하다고 생각하는 일들을 주도하실 능력이 있는 분이다.

당신의 일터에서 하나님은 당신이 하나님을 앞서서 행하기를 원치 않으시고 당신을 이끄시기를 원하십니다. 우리들은 스스로 계획을 짜고 그 계획이 이루어지도록 하나님께 도움을 요청하는 경향이 있습니다. 하나님은 당신이 불가능하다고 생각하는 일들을 주도하실 능력이 있는 분입니다. 당신이 생각할 수 없는 환경을 허락하실 수도 있고 기회들을 만드실 수도 있습니다. 예수님께서 아버지이신 하나님의 뜻대로 사시기 위해 취한 방법은, 하나님께서 일하시는 곳이 어디인지를 살펴보고 그 일에 동참하는 것이었습니다. 예수님은 아버지께 주도권을 내어드린 것입니다(요 5:19-20을 읽으십시오).

당신과 하나님 사이의 인격적인 관계가 깊어질수록 당신은 하나님께로부터 임무를 부여받게 될 것입니다. 하나님께서는 당신의 상사나 배우자를 통해 말씀하실 수 있고, 때로는 직접 말씀하시기도 합니다. 그 임무가 하나님께로부터 왔다는 사실에 대한 믿음은 당신이 맺고 있는 하나님과의 관계성의 수준에 의해 결정되어집니다.

♣ 아담은 누구로부터 임무를 부여받았습니까?

_____ 하와 _____ 자연
_____ 하나님 _____ 자기 자신

♣ 예수님은 누구로부터 임무를 부여받으셨습니까?

_____ 제자들 _____ 어머니 마리아
_____ 가이사 _____ 하나님 아버지

♣ 당신은 누구로부터 일을 부여받습니까?

_____ 당신의 배우자 _____ 당신 자신
_____ 당신의 직장 상사 _____ 하나님

♣ 하나님께서 주도권을 갖고 계시다는 사실을 인식하고 있다면 당신은 어떤 기도로 하루를 시작하시겠습니까? 다음의 항목에 표시하거나 당신 자신의 말로 써 보십시오.

_____ "하나님, 제가 오늘 계획한 일들을 축복하소서."

_____ "제가 오늘 직면하게 될 일들을 주님은 아십니다. 제가 해야 할 일과 그 일을 어떻게 해야 하는지 알려주시고 그것을 통해 하나님께 영광을 돌리게 하옵소서."

기도를 일의 중심 전략으로 삼기 바랍니다. 기도는 당신이 하나님께 이야기하고 하나님께서 당신에게 이야기하시는 하나님과의 의사소통입니다. 기도의 관계성을 통해 하나님께서 당신의 일에 대하여 지시해 주실 것입니다. 그분은 옳고 그름을 가르쳐 주시고 당신의 문제에 대한 답을 주시며, 기대되는 결과를 이룰 수 있는 방법들을 가르쳐 주실 것입니다.

기도의 관계성을 통해 하나님께서 당신의 일에 대한 지시를 해 주실 것이다.

하나님의 명령에 순종함

인간이 타락하기 전에는 하나님께서 자신의 뜻을 말씀하시면 아담과 하와는 그것에 거부감 없이 순종했습니다. 하나님의 권위에 대해 질문하는 사람도 없었으며, '대장님'과 협상하거나 이의를 제기하는 사람도 없었습니다. 노동시간을 속이는 사람도 없었습니다. 누구라도 아담과 하와와 같은 사람을 고용하기를 원하지 않겠습니까?

아담이 하나님께 다음과 같이 말하는 것을 상상해 보십시오. "저 나무의 열매를 먹도록 허락하지 않으시면 저는 이 동산을 돌보지 않을 것입니다. 그리고 동물의 이름을 하루에 다섯 개씩만 지을 겁니다. 이름을 더 지으라고 명령하시면 저는 여기에 그냥 주저앉을 거고 동물들은 이름도 없이 살아가게 될 겁니다." 이것은 말도 안 되는 일입니다.

만약 사람들에게 하나님께서 그들의 직장생활을 통치하고 계신가를 질문한다면, 그들은 아마도 "아니오"라고 대답하며 직장이 어떤 곳인지 몰라서 하는 말이라고 덧붙일 것입니다. 하지만 직장의 통치권이 하나님께 있다는 사실을 우리가 인식하지 못하더라도 하나님께서 그곳의 절대 주권적 통치자이심을 부인할 수는 없습니다.

직장의 통치권이 하나님께 있다는 사실을 우리가 인식하지 못하더라도 하나님께서 그곳의 절대주권적 통치자이심을 부인할 수는 없다.

♣ 하나님께서 당신이 일하는 일터의 주인인가에 대한 질문을 받는다면 당신은 어떻게 대답하시겠습니까?

_____ 농담하지 마세요. 일터에서 하나님을 의식하는 사람은 아무도 없는 걸요.

_____ 하나님의 통치하심을 인식하는 사람들이 있기는 하지만 매우 소수이지요.

_____ 예. 저는 하나님을 주인으로 인정하는 훌륭한 일터에서 일을 합니다.

_____ 기타 ______________________________

태초부터 하나님께서 일터를 지배하셨습니다. 그런데 사람들이 그분의 법칙을 거부하고 순종하는 동역자의 위치대신에 대장 노릇을 하려고 하면서부터 문제가 시작되었습니다.

하나님의 공급을 의지함

하나님께서 에덴 동산에 최초의 일터를 창조하셨을 때, 그곳에 남자와 여자에게 필요한 모든 것을 공급해 주셨습니다. 씨 맺는 모든 채소와 씨 가진 열매 맺는 모든 나무를 양식으로 주시고(창 1:29), 일하는 데 사용하도록 동물을 만들어 주셨습니다(창 1:26).

하나님은 당신의 필요를 충족시켜 주실 능력이 있으십니다. "나의 하나님이 그리스도 예수 안에서 영광 가운데 그 풍성한 대로 너희 모든 쓸 것을 채우시리라"(빌 4:19). 여기서 우리가 기억해야 할 것은, 우리의 원함을 공급하는 것이 아니라 필요를 채우신다는 것입니다. 하나님께서는 당신이 필요로 하는 것을 위해 일하십니다. 예를 들어 당신에게 인내심이 필요하다면, 하나님께서는 당신의 인내심의 한계를 시험할 수 있는 환경들을 허락하실 것이고 당신은 그 영역에서 자라게 될 것입니다.

하나님은 공급에 조건을 붙이셨습니다. 예수님께서 말씀하셨습니다. "그러므로 내가 너희에게 이르노니 목숨을 위하여 무엇을 먹을까 무엇을 마실까 몸을 위하여 무엇을 입을까 염려하지 말라 목숨이 음식보다 중하지 아니하며 몸이 의복보다 중하지 아니하냐 … 너희는 먼저 그의 나라와 그의 의를 구하라 그리하면 이 모든 것을 너희에게 더하시리라"(마 6:25,33).

♣ 마태복음 6:25,33에 근거해서 볼 때 하나님의 공급하심에 대한 조건이 무엇입니까?

하나님께서 당신에게 임무를 주시고 부르실 때에는 반드시 그 사명을 이룰 수 있도록 그 일에 필요한 것들을 공급하신다.

당신의 우선순위를 하나님 나라의 통치에 둘 때, 하나님께서 당신의 필요를 채우십니다. 또한 당신에게 부과하신 임무를 수행할 수 있도록 자원을 공급하십니다. 그렇지만 하나님의 공급하심을 의지함에 있어서 당신은 환경이 아닌 하나님을 바라보는 믿음을 가져야 합니다.

♣ 하나님께서 당신에게 부여하신 직무 내용에 대한 실행의 정도를 표시해 보십시오(높은 숫자일수록 실행도가 높습니다).

나는 나의 일터에 대한 하나님의 계획에 협력하고 있다.	1 2 3 4 5
나는 나의 일터에 대한 하나님의 주도권에 반응하고 있다.	1 2 3 4 5
나는 일터에서 하나님의 명령에 순종하고 있다.	1 2 3 4 5
나는 일을 할 때 하나님의 공급하심을 의지한다.	1 2 3 4 5

기도 전략

당신의 직장생활에 동행하시는 하나님께 감사드리십시오. 직장에서 하나님과 협력관계를 이루려함에 있어서 하나님의 주도권을 더욱 분명히 인식할 수 있도록 구하십시오. 이 세상에서 하나님 나라 계획을 이루는 데 당신이 하나님의 도구로 사용되어지기를 기도드리십시오.

제4과

동역 관계

A Coworker Relationship

"우리는 그의 만드신 바라 그리스도 예수 안에서 선한 일을 위하여 지으심을 받은 자니 이 일은 하나님이 전에 예비하사 우리로 그 가운데서 행하게 하려 하심이니라"(엡 2:10).

우리 부부의 친구 중에 초신자인 세라(Sara)는 '이니셔티브' 라는 이름의 대규모 사업체 사장입니다. 세라는 본인이나 직원들이 시작하지 않았는데 그들과 상관없이 저절로 일어나는 사업장의 일들에 관하여 이야기를 나누곤 하였습니다. 그 일이란 많은 경우, 어떤 특정한 업무나 사업계획을 위하여 세라가 상상도 해보지 못한 방법으로 사람들이 모여지곤 하는 것이었습니다. 세라는 이것을 '하나님께서 하시는 일' 이라고 고백했습니다.

당신이 하나님과 동역 관계를 맺고 있을 때, 당신은 하나님께서 하시는 일을 더욱 인식하게 될 것이며 하나님은 당신을 사용하셔서 더 많은 일들을 하실 것입니다. 왜 그렇습니까? 그것은 당신이 하나님의 통치와 임재에 대해 민감한 상태에 들어갔기 때문입니다.

회복된 관계성

예수님은 하나님 나라- 하나님의 백성들의 마음속에서 하나님의 절대주권적 통치가 이루어지는 나라-를 전파하시기 위해 이 땅에 오셨습니다. 하나님 나라 계획에 따라 살기로 결심하고 실천하면 그리스도께서 모순되고 불완전하며 죄악된 세상 가운데서 당신을 하나님과 동역하는 관계로 회복시키십니다. 그것이 하나님께서 바라시는 바입니다. 당신도 그렇게 되기를 원하십니까?

하나님께서 지으신 이상적인 일터인 최초의 일터에 대해 잠시 묵상하십시오.

동역 관계

하나님께서 창조하셨다.	아담은 협조적이었다.
하나님께서 일을 주도하셨다.	아담은 하나님의 주도권에 반응하였다.
하나님은 절대 주권적인 통치자이다.	아담은 하나님의 뜻에 순종하였다.
하나님께서 공급하신다.	아담은 하나님의 공급에 의지하였다.

♣ 최초의 일터에 존재하지 않았던 요소는 어떤 것입니까? 있는 대로 고르십시오.

_____ 신뢰	_____ 부러움	_____ 역할분담
_____ 긴장감	_____ 평화	_____ 협력관계
_____ 혼란	_____ 정직성	_____ 한계선
_____ 경쟁	_____ 사랑	_____ 존경심
_____ 게으름	_____ 공정성	_____ 논쟁
_____ 노동	_____ 안식	_____ 거룩함
_____ 창의성	_____ 거짓말	_____ 일에 대한 보상

하나님께서는 우리들이 그리스도와 동행하며 그의 능력을 통해서 일하시는 하나님과의 관계를 회복하기를 원하십니다. 우리가 그리스도와 협력할 때 우리의 일터를 어떻게 회복하시는가에 대해서는 제4단원에서 공부하도록 하겠습니다.

하나님께서는 우리들이 그리스도와 동행하며 그의 능력을 통해서, 일하시는 하나님과의 관계를 회복하기를 원하신다.

하나님의 명령에 민감히 반응함

스티브는 임원회의 시간 내내 입을 다물고 있었습니다. 하지만 그의 내면은 분노로 가득차 있었습니다. 그의 상사가 그를 인사관리 부장에게 고발했기 때문입니다. 그들의 기획작업이 아직 끝나지 않은 상태에서 상사는 스티브와 그의 동료들에게 책임을 추궁했습니다. 그 상사의 의도는 자신의 직무유기를 다른 사람의 책임으로 돌려서 자기 자신의 명예에 손상이 가지 않게 하려는 것이었습니다. 그가 한 말의 대부분이 거짓이었습니다. 스티브는 자신이 계속해서 잘못을 뒤집어 쓰는 것에 진저리가 났습니다. 그것은 공정하지 않은 것이었습니다.

스티브는 조용히 기도하기 시작했습니다. “하나님, 제가 얼마나 더 이 사람 밑에서 일해야 합니까? 주님은 이러한 상황 속에서 제가 어떻게 반응하기를 원하십니까? 인사관리 부장 앞에서 저의 상사를 비난하고 그에게 복수할 수는 없습니다. 그렇게 한다고 해서 문제가 해결되는 것도 아닐테니 말입니다.”

스티브가 기도하고 있을 때에 하나님께서 그를 위로하셨습니다. “스티브야, 악을 악으로 갚지 말아라. 그가 너에게 주는 어려움을 네가 먼저 용서해 주어라. 내가 너의 방패와 요새가 되어 주겠다. 나는 너의 피난처이다. 결국에는 진실이 승리를 거둘 것이다. 질문을 받을 때에 악의 없이 정직하게 대답하여라. 네가 나의 명령에 순종하는 것과 너의 성실성 그리고 용서하는 마음을 통해 내가 영광을 받게 될 것이고, 이것은 네가 나의 나라 역사를 경험하는 결정적인 순간이 될 것이다. 네가 이 회사에서 해고를 당할 수도 있을 것이다. 선택권은 너에게 있다. 네가 네 자신보다 나를 더 사랑하는 길을 택하게 되기를 바란다.”

스티브가 자기 안에 있던 분한 마음을 내려놓자 평안함이 그의 마음 속에 자리하게 되었습니다. 그는 하나님께서 자신과 함께 하시며 이 상황 가운데 일하신다는 것을 알았습니다. 그는 하나님이 정확히 어떤 일을 행하실지 또한 다른 사람들이 어떠한 반응을 보이게 될지 알지 못했지만, 하나님께서 당신의 일에 협력하라고 하신다는 사실을 확실하게 알고 있었습니다. 그가 자신의 계획이 아닌, 하나님의 계획에 따라 이 문제를 다루려고 결심하자 하나님께 대한 믿음이 회복되었습니다.

♣ **당신은 스티브가 어떤 행동을 취해야 한다고 생각하십니까?**

_____ 마땅히 책임져야 할 사람을 비난하므로 자신을 방어한다.
_____ 하나님께서 상황 가운데 일하시도록 잠잠히 기다린다.
_____ 자신의 억울함을 알린다.
_____ 기타 ________________________________

스티브는 이것을 통해서 하나님과 동역자 관계를 경험한다는 것이 무엇을 의미하는지를 이해하게 되었습니다. 절대 주권자이신 하나님의 인도하심에 순종하는 것이, 일터에서 그의 최고 우선순위라는 사실을 알게 된 것입니다.

'소금'으로서 역할

하나님께서 의도하신 일터는 어떤 특별한 종류의 일이나 장소가 아니라 당신의 일터에서 맺는 하나님과의 관계성입니다. 당신이 그리스도인이 되는 순간, 하나님께서 세상을 자신과 화목하게 하는 일을 위해 당신에게 임무를 부여하십니다. 주님을 믿지 않는 사람들과 가장 많이 접촉할 수 있는 곳이 어디입니까? 대다수의 그리스도인들은 자신의 일터라고 대답합니다. 하나님께서는 일터에서 하나님께서 하시는 일에 당신이 동참하기를 원하십니다. 그것은 전략성을 띤 임무입니다.

하나님께서 의도하신 일터는 어떤 특별한 종류의 일이나 장소가 아니라 당신의 일터에서 맺는 하나님과의 관계성이다.

당신이 매일 하나님과의 관계성을 형성하고 있고 하나님의 절대주권을 인정하고 있다면, 당신은 이미 당신의 일터를 향한 하나님의 원래 의도를 경험하는 길에 들어선 것입니다. 세상이 소금과 같은 그분의 영향력을 경험하도록 당신은 당신의 일터에서 하나님과 동역할 것을 초청받았습니다.

"너희는 세상의 소금이니 소금이 만일 그 맛을 잃으면 무엇으로 짜게 하리요 후에는 아무 쓸 데 없어 다만 밖에 버리워 사람에게 밟힐 뿐이니라"(마 5:13).

하나님께서 당신의 일터의 삶을 주재하신다면, 당신의 일터의 삶은 어떠하겠습니까? 기억하십시오. 하나님의 주재하심이란 직장의 장소가 어디냐 하는 것도, 당신의 하는 일이 세상적인 기준으로 볼 때

성스러운 것이냐 그렇지 않으냐 하는 것도 아닙니다. 혹은 당신이 믿는 사람들과 함께 직장 생활을 하고 있는가 아니면 비신자와 함께 있는가 하는 현실에 의존하는 것도 아닙니다. 하나님의 주재하심이란 예수 그리스도를 통하여 당신이 가지고 있는 하나님과 각별한 관계를 말하는 것입니다. 그 각별한 관계는 다음과 같은 것들을 말합니다.

- 하나님은 절대 주권자이시고 우리는 그분과 협력한다.
- 하나님께서 주도하시고 우리는 순종한다.
- 하나님께서는 우리의 모든 필요를 채워주시며 우리는 그의 공급하심을 온전히 신뢰해야 한다.
- 하나님께서는 우리를 동역자로 초청하시고, 우리가 하나님과 함께 하는 모든 일은 하나님 보시기에 선한 것이다.
- 피조물이 아닌 창조주 하나님이 계획을 세우신다.
- 하나님께서 이 세상 가운데서 일하시기로 선택하셨다.

♣ 다음의 진술들을 읽고 각각의 진술들이 당신의 일터에서 얼마나 자주 현실화되는지 점검해 보십시오. 항상 현실화되는 진술 앞에는 '1'을, 가끔 그렇게 되는 것에는 '2'를 그리고 지금까지 단 한 번도 현실화되지 않은 것에는 '3'을 써 넣으십시오.

_____ 나는 일하고 있을 때에 하나님의 임재하심를 느낀다.
_____ 내가 필요한 것들을 공급하시도록 하나님께 기도한다.
_____ 나는 나의 필요를 채우실 하나님을 의지하고 그분을 신뢰한다.
_____ 내가 해야 할 일과 그것을 어떻게 해야 할지 알려주시는 하나님의 인도하심을 나는 감지한다.
_____ 나는 하나님의 인도하심을 구하며 하나님께서 이미 일하고 계신 곳에 동참하기 위해서 그곳이 어디인가를 주의깊게 살핀다.
_____ 나의 일터에서 내가 무슨 일을 하기 원하시는지 알 때에 나는 하나님께 순종한다.
_____ 나는 하나님께서 나를 하나님 나라 역사에 참여하게 하신다는 사실을 깨닫는다.

기도 전략

옆의 항목들 중 당신이 '2'나 '3'을 표기한 것들에 대해 기도하십시오. 하나님께 지속적으로 의지할 수 있도록 기도하십시오.

제5과

동역 관계의 특징들

Qualities of a Coworker Relationship

샌디는 그녀의 직업에 대해 혐오감을 갖습니다. 그녀의 상사는 자신의 행동이 직원들에게 미치는 영향에 대해서는 아랑곳하지 않고 시간 내에 작업을 마치도록 재촉했습니다. 샌디의 동료들은 그런 상사에 대해 불만 섞인 말을 했고, 샌디 역시 그에 대한 험담과 비판에 참여했습니다. 하루는 그녀가 기도하는 중, 직장에서 느끼는 압력과 일에 대해 자신이 가지고 있던 부정적인 감정을 고백하였습니다. 그녀는 험담하는 것을 중지하고, 직장 동료들과 상사와 좋은 관계를 맺는 일에 그녀의 관심을 집중하기로 결심했습니다. 시간이 흐름에 따라 샌디는 변화를 이끄는 촉진자의 역할을 하게 되었습니다. 그러므로 관계성이 향상된 동시에 작업 역시 정해진 시간 내에 완성할 수 있게 되었습니다.

"너희가 과실을 많이 맺으면 내 아버지께서 영광을 받으실 것이요 너희가 내 제자가 되리라"(요 15:8).

최초의 일터에서 하나님이 아담과 하와가 함께 일했을 때에 동역 관계를 특징 짓는 몇 가지가 있었습니다. 우리가 하나님의 뜻에 따르면 그 특징들은 하나님께서 우리에게 맡겨 주신 임무 가운데도 존재하게 됩니다. 이 특징들을 살펴보는 것은 하나님께서 계획하신 일터를 더 잘 이해하도록 도울 것입니다.

일하시는 하나님과 맺는 바른 관계성의 특징들

짧은 기간이었지만 매우 생산적이었던 에덴동산이라는 일터에서 우리가 배울 수 있는 점은 무엇입니까?

아담과 하와가 누렸던 일의 관계성은 온전하고 생산적이었다.

올바른 권위의 위계질서 – 아담과 하와가 하나님을 절대 주권자로 인정했을 때, 그들이 누렸던 일의 관계성은 온전하고 생산적이며 아름다운 것이었습니다. 하나님은 당신의 절대 주권적 통치자가 되기를 원하시며 당신이 참여하고 순종하기를 원하십니다.

분명한 노동의 분업 – 하나님과 인간이 함께 일을 한다는 것은 얼마나 놀라운 개념입니까? 아담은 하나님의 역할을 넘보지 않았습니다. 하나님은 아담에게 그가 할 수 있는 임무를 주셨습니다. 하나님은 창조주와 주도자로 일하셨고 아담은 하나님의 지시를 따르는 것을 통해 하나님의 일에 동참했습니다. 하나님 나라에서는 하나님의 일과 사람들의 일이 분명하게 구분되어져 있습니다.

신뢰 – 죄가 인류역사에 등장하기 전에 하나님께서는 자신의 일을 성취함에 있어서 아담을 신뢰하셨습니다. 계약서, 법률, 회계감사, 노동조합 또는 노동 시간기록계 같은 것은 존재하지 않고, 일을 수행하기 위해 오로지 신뢰만이 존재한다는 일터를 상상해 보십시오. 그리고 아담 역시 하나님을 신뢰했습니다. 그는 하나님의 명령을 신뢰했고, 의심 없이 그 명령에 순종했습니다. 그는 하나님께서 그의 모든 필요를 채우실 것을 믿었고, 자신이 필요한 것 이상을 요구하지 않았습니다. 아담은 하나님께서 모든 생물을 지으셨다는 사실뿐 아니라 하나님이 존재하는 모든 것 위에 계신 절대 주권자이심을 알았기 때문에 그분을 신뢰하였습니다. 하나님 나라 일터에서 하나님은 믿을 만한 분이시기 때문에 그분을 신뢰하는 것이 가능합니다.

평화와 조화 – 아담과 하와는 하나님과 바른 관계 가운데 있었기 때문에 그들의 인간적인 의지가 하나님의 뜻과 갈등관계에 놓여 있지 않았습니다. 오히려 그들의 의지는 하나님의 뜻에 굴복되어 있었습니다. 그러므로 그 관계 속에는 불일치가 아닌 조화가 존재했습니다. 그리고 아직 죄가 존재하지 않았기 때문에 인간들은 서로 평화 가운데 살았습니다. 아담은 하나님께 온전히 순종하였고 그분과 교제했기 때문에 아담이 하는 일에는 스트레스가 전혀 없었습니다. 우리 역시 우리의 삶 가운데 일하시는 하나님을 신뢰함으로 누리게 되는 평화를 경험함으로써 스트레스가 존재하지 않는 일의 관계성으로 들어갈 수 있습니다.

"평안을 너희에게 끼치노니 곧 나의 평안을 너희에게 주노라 내가 너희에게 주는 것은 세상이 주는 것 같지 아니하니라 너희는 마음에 근심도 말고 두려워하지도 말라"(요 14:27).

♣ 요한복음 14:27에서 예수님께서 제자들에게 어떤 약속을 해 주셨는지 당신 자신의 말로 써 보십시오.

____

____

명백한 지침 – 인간들의 타락이 있기 이전에 하나님의 뜻은 명백했습니다. 하나님의 뜻을 힘들게 찾을 필요가 없었습니다. 논쟁도 존재하지 않았습니다. 그것을 재정립할 필요는 더더욱 없었습니다. 하나님은 아담과 하와에게 그들이 해도 되는 일과 하지 말아야 할 일을 가르쳐 주셨고, 그들은 하나님께서 제한한 범위를 존중했습니다. 하나님은 그들에게 한 가지 열매-선악을 알게 하는 나무의 열매-만을 제외하고 동산의 모든 열매를 먹도록 허락하셨습니다. 선악과를 먹은 결과는 죽음이었습니다(창 2:16-17). 우리가 하나님의 법칙에 순종할 때 우리는 그리스도 안에서의 자유를 누리게 됩니다(갈 5:1).

♣ 인류의 타락 이전에 아담이 선악을 알게 하는 나무의 열매를 먹지 않은 이유는 어디에 있습니까? 가장 적절한 것에 표하십시오.

_____ 하나님께서 많은 양의 음식을 주셨기 때문에 그에게는 먹을 것이 충분하게 있었다.

_____ 그는 선과 악에 관해 더 많은 사실을 알고 싶지 않았다.

_____ 하나님께서 제한 범위를 설정해 주셨고, 아담은 하나님이 최선의

것이 무엇인지를 알고 계시다는 신뢰감이 있었다.

경건함 – 하나님께서 아담과 하와와 맺은 진정한 사랑의 관계가 최초의 일터에서 가장 중요한 요소였습니다. 그 관계성 때문에 일터는 경건하고 거룩하였습니다. 하나님께서 관여하셨기 때문에 경건했습니다. 아담과 하와는 하나님의 절대 주권과 거룩한 임재하심을 인식하고 있었고 그에 맞는 삶을 살았습니다.

♣ 최초의 일터를 경건하게 만든 요소는 무엇이었습니까? 맞는 답을 고르십시오.

_____ 교회의 지원을 받았다.
_____ 하나님께서 아담과 하와는 사랑의 관계를 맺고 있었고, 그들은 동역자였다.

정기적인 교제 – 하나님께서 아담과 하와와 매일 교제의 시간을 가지셨다는 것은 명백한 사실입니다. 그들이 죄를 지은 이후에 하나님은 "날이 서늘할 때에" 그들을 만나시기 위해서 오셨지만, 그들은 있어야 할 자리에 있지 않았습니다. 그들은 하나님과 함께 하는 것이 부끄러웠습니다. 죄를 짓기 이전에는 아담과 하와의 교제는 하나님과의 관계를 생명력 있게 유지시키는 것이었습니다.

열매 맺음

"내가 참 포도나무요 내 아버지는 그 농부라 무릇 내게 있어 과실을 맺지 아니하는 가지는 아버지께서 이를 제해 버리시고 무릇 과실을 맺는 가지는 더 과실을 맺게 하려 하여 이를 깨끗케 하시느니라 너희는 내가 일러 준 말로 이미 깨끗하였으니 내 안에 거하라 나도 너희 안에 거하리라 가지가 포도나무에 붙어 있지 아니하면 절로 과실을 맺을 수 없음같이 너희도 내 안에 있지 아니하면 그러하리라 나는 포도나무요 너희는 가지니 저가 내 안에, 내가 저 안에 있으면 이 사람은 과실을 많이 맺나니 나를 떠나서는 너희가 아무것도 할 수 없음이라" (요 15:1-5).

하나님께서 계획하신 일에 대한 본래 의도는 생산성 있는 결실을 맺는 것이었습니다. 아담과 하와가 죄를 범한 후로부터 열매를 풍성히 맺는다는 것이 어려워졌습니다. 하나님께서는 우리가 열매를 맺으며, 그것이 영원하기를 원하십니다. 요한복음 15:1-5을 읽으셨습니까? 풍성한 열매는 하나님과의 긴밀한 관계성과 하나님의 말씀의 인도를 받는 데서 옵니다.

♣ 당신의 인생은 하나님 나라를 위한 열매를 맺어 왔습니까?

☐ 예　　☐ 아니오　　☐ 조금

♣ 당신의 인생이 더욱 열매 맺는 인생이 되도록 당신의 삶의 방식 중 변화가 필요하거나 있어야 할 것이 있다면 결단하십시오.

____

____

♣ 하나님과 당신의 일의 관계성을 평가해 보십시오. 10(하나님의 이상)부터 1(우리의 실패)까지 척도가 있습니다. 당신은 자기 자신을 어디에 두겠습니까? 각각의 숫자에 동그라미를 그리십시오. 이 척도는 당신의 인간적인 동역자와 그들의 기준에 대한 척도가 아니라 하나님과의 관계성과 그분의 기준에 관한 것이라는 사실을 명심하십시오.

올바른 권위의 위계질서

10 - 9 - 8 - 7 - 6 - 5 - 4 - 3 - 2 - 1 - 0

하나님이 권위자이다.　　내가 권위자이다.

분명한 노동의 분업

10 - 9 - 8 - 7 - 6 - 5 - 4 - 3 - 2 - 1 - 0

나의 임무를 이해한다.　　나는 하나님의 뜻을 알지 못한다.

신뢰

10 - 9 - 8 - 7 - 6 - 5 - 4 - 3 - 2 - 1 - 0

나는 하나님을 신뢰한다. — 나는 염려한다.

평화와 조화

10 – 9 – 8 – 7 – 6 – 5 – 4 – 3 – 2 – 1 – 0

나는 압력으로부터 자유하다. — 나는 압력으로 괴롭다.

명백한 지침

10 – 9 – 8 – 7 – 6 – 5 – 4 – 3 – 2 – 1 – 0

나는 순종한다. — 나는 불순종한다.

경건함

10 – 9 – 8 – 7 – 6 – 5 – 4 – 3 – 2 – 1 – 0

나의 직업은 거룩하다. — 나는 일에 대한 동기가 순수하지 않다.

정기적인 교제

10 – 9 – 8 – 7 – 6 – 5 – 4 – 3 – 2 – 1 – 0

나는 하나님과 교제한다. — 나는 하나님과 교제하지 않는다.

기도 전략 당신이 하나님 나라를 섬기려고 결단한 이후, 당신의 직장에서 마땅히 일어나야 할 일들을 볼 수 있는 눈을 가지게 되셨습니까? 하나님의 절대 주권과 전능하심에 대한 믿음을 새롭게 해 주시도록 간구하십시오. 하나님께서 오늘 당신의 직장에서 요구하시는 것에 무조건 순종할 것을 고백하십시오. 당신의 삶과 세상 가운데 신실하게 일하고 계신 하나님을 찬양하십시오.

제3단원

죄로 타락한 일터

The Workplace Sin Corrupted

단원목표

- 죄가 일터를 타락시키는 세 가지 방법을 안다.
- 당신의 일터에서 죄가 미치는 영향력을 나열한다.
- 필요를 충족시키기 위한 세상의 방법과 하나님의 방법을 비교한다.
- 우리 내면의 근본적인 필요를 하나님께서 채우시도록 선택한다.

암송구절

"이 세상이나 세상에 있는 것들을 사랑치 말라 누구든지 세상을 사랑하면 아버지의 사랑이 그 속에 있지 아니하니"(요일 2:15).

죄로 타락한 일터
The Workplace Sin Corrupted

"이 세상이나 세상에 있는 것들을 사랑치 말라
누구든지 세상을 사랑하면 아버지의 사랑이 그 속에 있지 아니하니."
(요일 2:15)

제니퍼(Jennifer)의 고등학교 졸업식 날이었습니다. 나(마이크)는 제니퍼의 아버지이자 나의 오랜 친구인 빌(Bill) 옆에 앉았습니다. 몸을 지치게 하는 뜨거운 여름날 오후였습니다. 졸업식 연사는 졸업생들에게 사랑, 정의, 친절 그리고 정직과 같은 기독교 가치관을 가지고 세상에서 일하라고 말하고 있었습니다. 기독교 학교였기 때문에 그런 연설을 듣게 되리라 짐작 못한 것은 아니었지만, 그 연사의 충고를 듣고 있자니 짜증스러워졌습니다.

나는 빌에게 살짝 귀뜸했습니다. "이 사람은 지금 아이들에게 실없는 허풍을 떨고 있군! 이런 연설을 아이들이 들어야 하다니……. 아이들이 걱정되는군. 현실 사회로 나가면 아이들은 충격을 받게 될 것이 분명하다고. 아이들이 저 사람 말대로 한다면 그들은 사회에 나가 생매장을 당하게 될 거라고! 도대체 저 사람은 어느 별나라에서 온 사람이야?"

빌은 나의 말에 동의한다는 듯 고개를 끄덕였습니다. 그는 제니퍼가 험난한 직장 사회의 현실을 직면할 준비가 되어 있지 않은 것에 대해 걱정했습니다. 우리 두 사람 모두 이 세상 계획을 따라 살고 있었던 것입니다. 우리에게는 그 연설 속에 담겨 있는 지혜를 알아들을 수 있는 귀가 없었습니다.

내 자신의 직장에 대해 생각하게 되었습니다. 나의 직장 상사는 회사 규칙을 어긴 관계로 회사의 보안과에서 조사를 받고 있었습니다. 직원들의 대다수는 그가 잘못했다는 사실을 알고 있었습니다. 근무시간에는 험담과 정치적인 책략들이 횡행했습니다. 하나님이 그곳에 관여하고 계시다고 생각할 수 있는 여지가 전혀 없었습니다.

그 당시 나는, "내 직장은 죄로 인해 타락했어. 그러므로 하나님은 거기에 계시지 않아." 라고 생각했습니다. 어렸을 때 침례를 받기는 했지만 나는 하나님을 알지 못했던 것입니다. 나는 종교적인 대화를 하며 종교적인 생활을 해 왔습니다. 내게 있어서 하나님은 살아 계신 분이 아니었습니다. 나는 그분과 어떤 인격적인 관계도 맺고 있지 않았습니다.

제니퍼의 졸업식으로부터 몇 개월 후, 나는 예수님께 완전히 굴복하게 되었고 나의 삶은 변하기 시작했습니다. 나의 주변 모든 곳에서-직장에서까지도-일하고 계신 하나님을 발견했습니다. 이제 새로운 세계관을 가지게 되었기 때문에 직장에서의 타락의 모습이 눈에 더욱 선명하게 보였습니다. 그리고 나는 하나님께서 나와 함께 하신다는 것과 자신의 뜻을 실행하시기 위해 활발히 일하고 계시다는 사실을 깨달았습니다!

당신의 일터 모습을 둘러볼 때 어떤 죄악의 속성들이 보입니까? 사탄은 최초의 일터를 타락시키고 그것을 영원히 지배하려는 계략을 세웠습니다. 실제로 많은 일터들이 사탄에 의해 조정당하고 있는 듯합니다. 이번 단원에서는 하나님 나라 계획과 세상의 계획을 보다 잘 구분하기 위해서 죄가 일터에 미치는 영향력에 대해 공부하게 될 것입니다. 이것을 깨달아야 비로소 하나님이 절대 주권자임을 인정하고, 우리는 그에게 순종하는 제대로 된 동역관계로 진입하는 의식적인 선택을 할 수 있게 되는 것입니다.

제1과

죄악의 정복

A Hostile Takeover

우리 자신의 실리를 챙기기 위해 타인의 복지를 무시하려는 마음은 어디에서 기인한 것입니까? 뿐만 아니라, 환자들이 예약을 하는 것도 모자라서 줄을 서서 진찰 순서가 오기를 기다려야 할 만큼 병원의 수요가 급격히 늘어나는 것의 요인은 무엇이라고 생각하십니까?

담배 소비량 향상을 위해서 담배회사들이 생산품에 니코틴 함량을 증가시켜 사회 문제를 일으키는 원인이 어디에 있습니까? 적지 않은 수의 변호사들이 경박한 소송 사건을 지지하는 이유는 무엇입니까? 왜 불량식품을 시중에 유통시켜서 어린아이들의 목숨을 위험에 처하게 합니까? 이 질문들의 답은 모든 사람들의 내면 깊은 곳에 위치해 있습니다.

하나님께서 창조하신 일터에 무슨 일이 일어났습니까? 죄가 세상에 들어온 것입니다. 그 당시 에덴동산에 대중매체가 존재했다면, 일터에서 일어난 죄악의 정복 사건을 떠들썩하게 다루었을 것입니다.

원죄

"여호와 하나님의 지으신 들짐승 중에 뱀이 가장 간교하더라 뱀이 여자에게 물어 가로되 하나님이 참으로 너희더러 동산 모든 나무의 실과를 먹지 말라 하시더냐 여자가 뱀에게 말하되 동산 나무의 실과를 우리가 먹을 수 있으나 동산 중앙에 있는 나무의 실과는 하나님의 말씀에 너희는 먹지도 말고 만지지도 말라 너희가 죽을까 하노라 하셨느니라 뱀이 여자에게 이르되 너희가 결코 죽지 아니하리라 너희가 그것을 먹는 날에는 너희 눈이 밝아 하나님과 같이 되어 선악을 알 줄을 하나님이 아심이니라 여자가 그 나무를 본즉 먹음직도 하고 보암직도 하고 지혜롭게 할 만큼 탐스럽기도 한 나무인지라 여자가 그 실과를 따먹고 자기와 함께한 남편에게도 주매 그도 먹은지라" (창 3:1-6).

하나님께서 태초에 천지를 창조하시고 아담과 하와를 에덴동산에 두셨을 때, 모든 것은 최선의 상태에 있었습니다. 최초의 일터에는 죄가 존재하지 않았습니다. 아담과 하와는 하나님께서 명령하신 한 가지 법칙만 순종하면 되었습니다. 그것은 바로 그들의 삶을 위한 경계선이었습니다. 어느 날 그들은 하나님과 하나님의 법칙 모두를 불순종하는 운명을 택했습니다.

♣ 창세기 3:1-6을 읽고 하와가 하나님께 불순종하고 금지된 열매를 따먹는 선택을 한 이유가 무엇입니까?

____

____

____

____

하와는 금지된 열매에 매력을 느꼈습니다. 그것은 보암직한 것이었습니다. 또한 하와는 선과 악을 알게 하는 지식을 사모했습니다. 그녀와 함께 했던 아담도 하나님께 불순종하는 길을 택했습니다. 하나님께 불순종함으로 죄가 세상에 들어오게 되었고, 그 죄는 최초의 일터를 타락시키는 주범이 되었습니다. 우리가 물려받은 죄와 그것이 가져온 결과는 지금도 우리로 하여금 갈등 가운데 살아가게 합니다.

죄의 결과

♣ 성경에서 창세기 3:14-19을 읽으십시오. 다음의 인물들이 받은 죄의 결과는 각각 무엇이었습니까?

뱀 : ________________________________

하와 : ________________________________

아담 : ________________________________

"또 아들들에게 권하는 것같이 너희에게 권면하신 말씀을 잊었도다 일렀으되 내 아들아 주의 징계하심을 경히 여기지 말며 그에게 꾸지람을 받을 때에 낙심하지 말라 주께서 그 사랑하시는 자를 징계하시고 그의 받으시는 아들마다 채찍질하심이니라 하였으니" (히 12:5-6).

최초의 일터에서 죄는 두려움과 책망 그리고 하나님과 분리라는 결과를 낳았습니다. 하나님은 당신의 사랑하는 자들을 징계하십니다. 하나님께서는 우리의 죄를 용서하시지만, 죄에 대한 결과는 여전히 우리가 감당해야 하는 것입니다. 조금 전 학습문제에서 살펴본 죄의 형벌은 우리의 일터와 심각한 관련을 맺고 있습니다.

♣ 다음에 제시되어 있는 표현들이 당신의 직장생활에서 어떤 모습으로 반영되고 있는지 기록해 보십시오.

"뼈를 깎는 듯한 노동" ________________________

"가시덤불"(일을 어렵게 만드는 장애물) ________________

"허리가 휘도록 힘씀" ________________________

죄의 유산

아담과 하와가 범한 죄가 그들만의 범죄로 끝났다면, 우리는 아마도 그들을 통해 값진 교훈을 얻은 것에 감사하는 일만 하면, 되었을 것입니다. 그러나 불행히도 죄악의 형태는 그 다음 세대에서도 반복되었습니다.

♣ 창세기 4:1-12을 읽으십시오. 아벨과 가인은 어떻게 죄값을 치루었습니까?

아벨 : ______________________________

가인 : ______________________________

하나님은 아담과 하와 그리고 가인에게 벌을 내리셨습니다. 아벨은 자신이 짓지 않은 죄의 결과로 고통 당해야 하는 첫 번째 사람이 되었습니다. 죄는 죄를 짓지 않은 사람에게까지 피해를 주는, '기회균등'의 속성을 가지고 있습니다.

하나님께서는 아담과 하와를 사랑하셔서 그들을 돌보시는 은혜를 베푸셨습니다. 하나님은 그들에게 옷을 지어주셔서 그들이 수치 당하는 것을 면하게 하셨습니다(창 3:21). 또한 가인의 경우에는 사람들이 그를 해치지 않도록 보호하셨습니다(창 4:15). 하나님이 취하신 조치 속에서 우리는 죄로 인해 타락한 일터를 회복시키시려는 하나님의 모습을 발견할 수 있습니다.

기도 전략

만일 당신이 사탄으로 하여금 당신의 일터를 정복하도록 방치해 두고 있었다면, 지금 즉시 하나님께 자백하십시오. 당신의 인생과 일터의 절대 주권자가 하나님이심을 인정하십시오. 당신이 오늘 일터에서 일할 때 하나님의 뜻을 구하십시오.

제2과

죄가 일터를 타락시키는 방법

How Sin Corrupts the Workplace

"오직 각 사람이 시험을 받는 것은 자기 욕심에 끌려 미혹됨이니 욕심이 잉태한즉 죄를 낳고 죄가 장성한즉 사망을 낳느니라"(약 1:14-15).

직장을 퇴직한 알버트는 자신이 근무하던 직장을 낚시터에 곧잘 비유하곤 합니다. 낚시 기술을 갈고 닦느라 많은 시간을 투자하는 그는 낚시광입니다. 그는 물고기를 속이는 법을 알고 있는데, 그것은 물고기로 하여금 '내 앞에 보이는 것이 내가 얻게 되는 것' 으로 착각하게 만드는 것입니다.

우리 속에 내재해 있는 죄악의 속성은 마치 미끼가 물고기를 유혹하는 것과 비슷합니다. 그것은 우리에게 거창한 만찬을 약속하는 듯하지만 실제로는 우리 영혼을 굶주리게 합니다. 최초의 예는 아담과 하와가 하나님을 무시하고 자기 자신을 의지하기로 선택한 사건에서 볼 수 있습니다.

무엇이 우리들로 하여금 최초의 인류와 똑같은 실수를 반복하며 우리의 사고와 행동이 세상의 지배를 받도록 만듭니까? 죄로 타락한 일터를 인식함으로 우리는 우리를 유혹하는 미끼를 볼 수 있게 됩니다.

죄가 일터를 타락시키는 방법에는 세 가지가 있습니다. 죄는 우리로 하여금 일터에서 하나님의 절대주권적 통치를 거부하게 하고, 자기중심적이 되도록 하며, 하나님과 분리되어서 우리의 필요를 스스로 채우고자 노력하도록 만듭니다.

일에 대한 하나님의 통치권을 거부한 인간

♣ 아담과 하와가 선악과를 따먹기로 결심하자 어떤 일이 일어났는지 맞는 답을 고르십시오.

_____ 그들의 행위의 결과를 따져보았다.
_____ 하나님과 동등해지고 싶었다.

수천년 전, 에덴동산에서 하나님과 떨어져서 살아가며 일하기로 결심한 결정은 그후 지금까지 계속 반복되었습니다. 우리는 하나님의 절대 주권을 비웃으며, 우리 자신이 인생의 주인이 되어 우리 눈에 합당한 대로 행합니다. 우리는 하나님의 신성을 의지하기보다는 인간의 본성을 의지하여 그것을 따라 삽니다.

♣ 지난 과에서 살펴 본 창세기 3:1-6 말씀을 다시 묵상하십시오. 만약에 뱀이 당신을 찾아왔다면 당신은 하나님의 통치권을 어떻게 설명하시겠습니까?

____
____
____
____

우리가 하나님의 권위를 무시하고 우리 자신의 계획을 세울 때, 그것은 죄를 짓는 것이고 다른 사람들도 죄를 짓도록 영향을 끼치는 것입니다. 하지만 우리가 하나님의 절대 주권적 권위를 인정하지 않는다 할지라도 생명을 주관하시는 하나님의 통치를 부인할 길이 없습니다. 죄가 일터를 타락시키는 첫 번째 방법은 일에 대한 하나님의 통치권을 거부하는 것입니다.

죄가 일터를 타락시키는 첫 번째 특징: 일에 대한 하나님의 통치권을 거부한다.

자기중심적인 인간

하와가 금지된 열매를 따먹도록 유혹하기 위해서 뱀은 하와 자신에게 유익한 것이 무엇인지 자기 자신만을 생각하도록 만들었습니다. 그는 하와가 다른 사람을 고려하기 이전에 자기 자신의 필요와 욕구를 만족시키는 일에 초점을 맞추도록 유혹했습니다. 사탄은 하나님을 앞서서 자신을 선택하도록 유혹한 것입니다. 사탄은 그녀로 하여금 죄를 짓게 하기 위해 하나님은 거짓말쟁이라는 거짓된 말로 설득하기도 했습니다. 사탄은 그녀의 마음속에 하나님과 동등해지기 원하는 욕구를 불어넣었습니다. 제1과에서 이미 읽은 창세기 3:5-6을 복습하십시오.

우리 사회에서 자기중심성은 자유를 위한 투쟁으로 받아들여집니다. 우리는 자아만족, 자존감 그리고 자신감을 끊임없이 추구합니다. 경쟁시장은 명성과 자아성취의 욕구로 형성되어 왔습니다.

♣ 다음의 표현들 중에서 하나님과 이웃을 생각하기보다는 자기 자신의 욕구에 초점을 맞추도록 교훈하는 내용을 들어보신 적이 있습니까? 고르십시오.

_____ "언제나 일등이 되라."
_____ "당신의 방법대로 고집하라."
_____ "자신을 돌보라."
_____ "당신의 능력으로 될 수 있는 것은 무엇이든 되라."
_____ "당신의 기호에 맞는 것은 무엇이든지 자신의 것이 되게 하라."
_____ "아무도 당신의 자존심을 건드리지 못하게 하라."
_____ "당신은 최고급을 소유할 자격이 있다."
_____ "제대로 일을 하려면 그 일을 스스로 하라."
_____ "당신이 작정한 일은 무엇이든지 할 수 있다."
_____ 기타 ____________________________________

죄가 일터를 타락시키는 두 번째 특징: 자기중심성이다.

세상 계획은 다른 사람들이 대가를 치루게 하면서까지 우리 자신을 우선순위에 놓도록 가르칩니다. 그 결과, 죄가 일터를 타락시키는 두 번째 방법은 자기중심성입니다.

하나님과 분리되어 필요를 채우려고 노력하는 인간

하나님은 아담과 하와가 하나님과 분리되어 일하도록 지으시지 않고 하나님의 동역자로 만드셨습니다. 그들이 필요한 모든 것을 제공하셨습니다. 그들에게 요구된 것은 단 한 가지, 하나님을 의지하는 것이었습니다. 그러나 그들은 먹을 것과 지혜와 도덕적인 지식에 대한 욕구를 충족시키고자 하나님을 의지하기보다는 뱀의 제안을 받아들였습니다. 하나님의 뜻 밖에서 필요를 채우고자 하는 시도였습니다.

> "이에 그들의 눈이 밝아 자기들의 몸이 벗은 줄을 알고 무화과 나무 잎을 엮어 치마를 하였더라 … 여호와 하나님이 아담과 그 아내를 위하여 가죽옷을 지어 입히시니라"(창 3:7, 21).

♣ 아담과 하와가 자신들의 옷을 스스로 만들어 입으려고 시도한 창세기 3:7, 21 말씀을 통해 어떤 사실을 추론할 수 있습니까?(한 가지만 고르십시오)

_____ 그들이 만든 의복은 적합한 것이었다.
_____ 하나님께서 더 좋은 옷을 지어 입히셨다.

아담과 하와는 하나님이 자신들보다 훌륭한 공급자라는 사실을 발견하게 되었습니다. 하나님께서 지으신 옷의 질은 매우 우수했습니다. 죄가 타락시킨 일터의 세 번째 특징은 우리가 하나님과 분리되어서 필요를 채우고자 한다는 것입니다.

죄가 일터를 타락시키는 세 번째 특징: 하나님과 분리되어서 필요를 채우고자 한다.

아담과 하와의 죄악은 깊은 소외감과 두려움 그리고 죄책감을 가져왔습니다. 필요를 스스로 공급한다는 것이 얼마나 고달픈 일인지 이내 발견하게 되었습니다. 하나님은 자신과 떨어져서 일하며 살도록 우리를 창조하지 않으셨습니다.

우리들에게도 아담과 하와처럼, 우리 자신이 하나님보다 필요를 더 잘 채울 수 있는 양 살아가고 있지 않습니까? 혹 하나님의 인도하심에 대한 믿음이 없어서 우리들의 필요를 스스로 충족시키기 위해 노력할지도 모릅니다. 우리 자신의 의지와 노력이 하나님의 공급을 경험할 수 있는 기회를 제한합니다.

기도 전략 자기중심적인 삶을 살았던 죄를 회개하고 하나님의 용서를 구하십시오. 하나님께 순종하는 삶을 살며 하나님의 공급하심만 의지하는 믿음을 갖게 되도록 간구하십시오.

제3과

죄가 일터에 미치는 영향

Sin's Effects on the Workplace

"육체의 일은 현저하니 곧 음행과 더러운 것과 호색과 우상 숭배와 술수와 원수를 맺는 것과 분쟁과 시기와 분냄과 당 짓는 것과 분리함과 이단과 투기와 술 취함과 방탕함과 또 그와 같은 것들이라 전에 너희에게 경계한 것같이 경계하노니 이런 일을 하는 자들은 하나님의 나라를 유업으로 받지 못할 것이요"(갈 5:19~21).

우리의 죄악된 본성이 미치는 영향력은 우리가 속해 있는 사회 체계 곳곳에서 여실히 드러납니다. 경영, 교육, 교회, 제조, 과학, 정부, 세일즈, 군대, 언론기관 그리고 법 체계 등에서 말입니다. 제3과에서 다루게 될 내용은 죄가 사람들의 윤리와 일터에 미치는 영향력에 대한 것입니다.

죄가 일터에 영향을 미치는 방법들

♣ 죄가 일터에 미치는 영향력에 대한 예화가 다음에 제시되어 있습니다. 이야기를 읽어나가면서 당신이 비슷한 경험을 한 것이 있으면 그것에 원을 그리십시오. 더 첨가하고 싶은 경험의 예가 있다면 교재의 여백에 써 보십시오.

질보다는 양 – 여름방학 캠프에서 병을 얻어 돌아온 한 십대 소녀가 있었습니다. 의사의 진찰을 받기 위해 그녀의 가족들은 병원에서 한 시간 이상을 기다려야 했습니다. 의사는 그녀를 간단히 진료하고는 항생제를 복용하라는 처방전과 함께 그녀를 집으로 돌려

보냈습니다. 하지만 그녀의 병은 나아질 기미가 보이지 않았습니다. 걱정이 되기 시작한 그녀의 어머니는 의사에게 딸의 정밀 진단을 요청했습니다. 의사는 자신이 오진했을 리가 없다고 생각했지만, 그 요청을 받아들여서 정밀 진단을 해 보기로 했습니다. 놀랍게도, 진단의 결과는 심각한 간염이었습니다. 의사들도 실수하기도 하고 때로는 진단하기 어려운 조건에 놓이는 경우도 있는 것이 사실입니다. 하지만 문제는 의료기관들이 환자들을 대할 때 기계적인 접근방법을 택함으로, 의사들이 자신의 환자들에게 적합한 관심을 기울이지 못한다는 데에 있는 것입니다.

더 많은 이익을 남기기 위해 질을 무시하거나 타협하는 일은 거의 모든 일터에서 보게 되는 현상입니다. 보험회사나 조합단체들을 비난하기에 앞서 심지어 교회들도 어려움 가운데 있는 교인을 돌보기보다는 숫자 불리기에만 연연하는 경향이 있다는 사실을 잊지 말아야 합니다. 당신이 일을 하는 주된 동기가 물질에 대한 탐욕과 권력, 명성의 획득 같은 것들이라면, 당신의 일터는 세상 계획의 통치를 받고 있는 것입니다.

가격의 속임수 – 대학을 다니는 어느 남학생이 남성의류를 판매하는 가게에서 아르바이트를 했습니다. 할인행사를 갖기 이전에 20-50%의 가격 할인 표시를 하기 위해 회사측에서 원래 판매 가격을 상승시킨다는 사실을 알게 된 남학생은 놀라지 않을 수 없었습니다. 따라서 실제 할인가격은 20-50%가 아닌 것입니다. 여러 사업체들이 이것과 비슷한 종류의 속임수를 쓰는 것이 사실입니다.

소비자를 속이는 행위는 다른 형태로도 나타납니다. 많은 경우, 사람들의 관심을 집중시키기 위한 방법으로 우편 광고물을 정부 발행 수표처럼 보이도록 도안하는 경우도 있습니다. 휴가시설 임대회사들은 언뜻 보아서는 발견하기 어려운 요금이나 세금이 포함되어 있는 여행상품을 '무료 휴가' 라고 제공하기도 합니다. 그리고 거의 상품 가치가 없는 제품을 경품으로 내놓는 경우도 많습니다.

비윤리적이며 비합법적, 부도덕한 업무 행위 – 하루 휴가를 내고 싶지만 연중 휴가 기간을 단축시키고 싶지 않을 때, 병가를 내는 행위가 당신의 직장 동료들 사이에서 일어나는 보편적인 현상입니까? 직장에서 동료들 사이에 경험하게 되는 부도덕한 행동의 예로 거짓말, 성추행, 간음, 공금 횡령, 저속한 언어 사용 등을 들 수 있습니다. 어떤 경우에는 진급을 하거나 중요한 일을 맡기 위해서 성적인 접촉이 요구되어지기도 합니다. 또 다른 산업체들은 뇌물이나 정치적 헌금을 받는 경우도 있습니다. 연구소와 제약회사의 경우에는 돈벌이가 되는 상품의 생산을 지연시키는 부정적인 실험결과를 은폐시키기도 합니다. 회계사는 주주들의 수입과 지출의 출처를 숨기기 위해 허위 장부를 기록하는 것으로 알려져 있습니다. 이외에도 수많은 비윤리적, 비합법적, 부도덕한 업무 행위가 암암리에 진행되고 있습니다. 어떤 경우는 대수롭지 않게 보아 넘어가거나 받아들이는 것들도 있습니다.

묵인되어지는 근로복지와 작업환경 – 죄로 인해 타락한 일터에서 흔히 일어나는 현상 중 하나는 이익이 사람보다 중요하게 여겨진다는 것입니다. 최근에 한 친구가 심장마비에 걸렸습니다. 그는 29년 동안 국영 식품 체인점에서 일해 왔고, 이제 은퇴를 1년 앞두고 있는 사람이었습니다. 그런데 그가 아직 병원에서 치료를 받고 있는 중 자신이 회사에서 쫓겨났다는 통보를 받게 되었습니다. 회사는 그의 병원 치료비를 지불하길 원치 않았던 것입니다. 그들은 성실한 일꾼의 복지에 대해서 아무런 관심도 없었습니다.

또 다른 회사는 우리 집 가까이 있는 강을 고의로 오염시킵니다. 어떤 회사는 공해를 일으키기도 합니다. 그들의 변명을 들어보셨습니까? 환경오염을 방지하기 위한 하수처리장을 설립하고 운영하는 데 별도의 경비가 지출되기 때문이라는 것입니다. 인간의 본성에 의해 일터가 운영되어질 때, 사람들의 복지와 환경은 묵인되어집니다.

자신의 행위에 책임지기를 거부하는 노동자 – 마약복용 혐의로 체포되는 연예인들은 바쁘게 돌아가는 삶과 연예계가 주는 압력 때문이라는 변명을 하곤 합니다. 정치인들은 국채의 책임을 다른 당에게 돌리려 합니다. 사업체들은 회사가 존립할 수 있는 유일한 방법이라는 궁색한 변명으로 죄악된 행위를 정당화시킵니다. 여러 가지 변명을 늘어놓지만 근본적인 이유는 인정하지 않는 것 같습니다. 그것은 우리가 사업을 하는 데 값을 지불하면서까지 하나님께서 기뻐하실 방법으로 수정하기를 원치 않기 때문입니다.

우리들은 죄악된 일터에 익숙해져서 하나님의 구속 사역에 동참하는 비전을 잃어버린 것은 아닙니까? 하나님의 일에 동참하는 비전은 하나님이 당신의 일터에서 주권적으로 일하고 계심을 보는 것으로부터 비로소 회복되기 시작합니다. 하나님은 우리의 일터를 포기하지 않으셨습니다. 그러므로 우리도 포기해서는 안 됩니다.

♣ 다른 사람을 향해 손가락질하기는 쉽습니다. 당신의 죄악된 본성은 직장에서 당신의 윤리의식에 어떤 영향을 끼칩니까?

복음 증거에 미치는 효과

죄의 영향력은 매우 명백하게 드러나기도 하지만 반면에 감지하기 어려울 수도 있습니다. 사무실에서 쓰는 종이집게를 집으로 가져가는 것과 같은 범죄가 신문의 주요 기사거리가 되지는 않겠지만, 직장에서 정직성의 근본적인 손실임에는 틀림이 없습니다. 그리스도인들이 직장에서 법칙을 어기는 사람들로 평가될 때, 직장에서 그리스도인으로서 빛과 소금의 영향력을 발휘할 수 없게 됩니다.

최근에 우리는 어떤 회사에 다니는 사람으로부터 같은 직장에 근무하는 한 목사에 관한 이야기를 들었습니다. 이야기인즉, 그 목사는 매주 교회 주보를 복사하는 데 회사 복사기를 사용한다는 것이었습니다. 그는 이렇게 말했습니다. “목사가 회사 규율을 어기는 것을 지켜보는 직장 동료들에게 전도하는 것은 매우 어렵습니다!”

성도들이 세상 계획의 유혹을 받아온 역사는 초대교회 당시까지 거슬러 올라갑니다. 야고보가 우리의 죄성에 대해서 언급한 내용을 다음에서 읽어보십시오.

> “오직 각 사람이 시험을 받는 것은 자기 욕심에 끌려 미혹됨이니 욕심이 잉태한즉 죄를 낳고 죄가 장성한즉 사망을 낳느니라” (약 1:14-15).

우리는 ‘세상과 벗된 것’을 하나님께 고백해야 합니다. 오늘 성령님께서 당신의 직장생활 가운데 하나님의 뜻이 아닌 것을 보여주셨다면, 하나님께서 요구하시는 방향으로 수정할 수 있도록 도움을 요청하십시오.

기도 전략 당신이 하나님의 뜻에 온전히 순종하는 것을 통해 하나님의 구속 사역을 당신의 직장에서 어떻게 이루기를 원하시는지 보여주시도록 기도하십시오.

제4과

서로 다른 세계관을 가진 사람들

Two Worldviews

저녁 식사 준비를 하고 있던 나(데비)는 잠시 난로에서 등을 돌리고 서 있었습니다. "앗, 뜨거워!"하는 소리와 함께 두 살 짜리 딸이 고사리 손을 아래 위로 흔들어대며 오븐에서 뒤로 물러서고 있었습니다. 물론 딸에게 오븐에 대한 경고를 미리 해 두었지만, 호기심이 발동했던 것입니다. 딸아이는 어린아이들이 자신의 잘못을 다른 사람의 탓으로 돌릴 때 쓰는 방법과 동일한 수법을 사용했습니다. 딸은 엄마가 자신에게 이러한 일이 일어나도록 내버려두기라도 한 듯한 원망섞인 눈빛으로 나를 쳐다보았습니다.

"간음하는 여자들이여 세상과 벗된 것이 하나님의 원수임을 알지 못하느뇨 그런즉 누구든지 세상과 벗이 되고자 하는 자는 스스로 하나님과 원수되게 하는 것이니라"(약 4:4).

이제 그 아이는 대학생이 되어 자신의 선택에 대한 책임을 대부분 스스로 집니다. 딸아이의 세계관이 변했다고 할 수 있습니다. 이제 딸아이는 자기 중심적이기보다는 하나님 중심적인 삶을 삽니다.

세상의 방법: 정신적 압박으로 인도하는 공식

사람 중심적인 세계관(죄가 타락시킨 일터에서 일함)과 하나님 중심적인 세계관(하나님께서 의도하신 일터에서 일함)의 근본적인 차이점 다섯 가지를 살펴보도록 하겠습니다.

"육신을 좇는 자는 육신의 일을, 영을 좇는 자는 영의 일을 생각하나니"(롬 8:5).

'나는 무엇이든지 할 수 있다'와 '하나님은 무엇이든지 하실 수 있다'

직장 사람들의 사고방식 속에는 일에 대한 그들의 성취도와 자신감이 반영되어 있습니다. 언뜻 보기에 자신감은 건강한 사람의 특징인 것 같습니다. 하지만 이러한 사고방식은 우리로 하여금 하나님으로부터 멀어지게 할 수 있습니다. 하나님을 신뢰하기보다는 우리 자신을 더 의지하게 됩니다. 하나님은 우리가 하나님만 온전히 의지하기를 바라십니다(하나님께서부터 오는 자신감).

당신은 사람들로부터 칭송을 받는 위업을 달성할 수 있습니다. 그렇지만 당신이 숨쉬며 살아가는 당신의 생명은 하나님의 공급하심에 달려 있습니다. 하나님 나라에 관해 예수님께서는 '하나님 없이 하나님 나라 수준의 일은 아무 것도 할 수 없다' 고 말씀하셨습니다(요 15:5). 하나님께서 함께 하실 때에 능히 모든 일을 할 수 있습니다(빌 4:13을 읽으시오).

"내게 능력 주시는 자 안에서 내가 모든 것을 할 수 있느니라" (빌 4:13)

♣ '나는 무엇이든지 할 수 있다' 라는 거짓 진술문이 참 문장이 되도록 고쳐 쓰십시오.

____

____

하나님의 뜻에 순종하는 법을 배우십시오. 당신은 위의 문장을 '나는 그리스도를 떠나서 아무 것도 할 수 없다' 또는 '내가 능력을 주시는 그리스도 안에서 모든 것을 할 수 있다' 라고 쓰셨습니까?

'스스로 가치 있는 존재' 와 '하나님의 사랑 안에서 존귀한 존재'

세상은 우리 자신의 내면에서 의미와 가치를 발견하도록 가르칩니다. 그렇지만 가치 존재를 확인하고자 하는 우리의 근본적인 욕구는 하나님을 통하지 않고는 채워질 수 없습니다. 하나님께서 우리를 그렇게 지으셨기 때문입니다.

가장 큰 존재 가치는 우리가 하나님과 맺는 관계성에서 기인합니다. 하나님께서는 당신의 아들을 우리를 위해 죽게 하실 정도로 우리를 사랑하십니다. 우리가 하나님께 굴복하고 구원의 은혜를 받아들일 때, 하나님께서는 우리를 하나님의 가족으로 삼으십니다. 그때에야 비로소 우리는 우리의 진정한 존재 가치를 발견하게 되는 것입니다. "아버지께서 나를 사랑하신 것같이 나도 너희를 사랑하였으니 나의 사랑 안에 거하라"(요 15:9)고 하신 예수님의 말씀을 마음에 새기십시오.

'자신을 섬김'과 '하나님을 섬김'

세상 계획은 자기 중심적인 세계관에 의해 움직입니다. 모든 조건들과 결정권은 개인의 이득 여부에 의해 좌우됩니다. 세상 계획의 영향력 아래에 있을 때 우리의 내면에서는 자신에게 최선의 것이 무엇인지 계산하면서 겉으로는 우리의 생각을 고상한 모습으로 포장해서 나타내려고 노력합니다. 때때로 타인의 유익을 위해 이타적인 자세를 취하는 경우도 있습니다. 그러나 우리가 사람들을 섬기는 동기가 완벽한 이타심에서 나오는 경우는 극히 드문 일입니다.

마태복음 6:24에서 예수님께서 "한 사람이 두 주인을 섬기지 못하니라"고 말씀하십니다. 그리스도인들은 하나님 나라의 목적을 위해 부름 받은 사람들입니다(요 12:25-26을 읽으십시오). 하나님 나라의 목적은 우리의 자기 중심성에서 벗어나 하나님을 신뢰할 때 성취됩니다.

"자기 생명을 사랑하는 자는 잃어버릴 것이요 이 세상에서 자기 생명을 미워하는 자는 영생하도록 보존하리라 사람이 나를 섬기려면 나를 따르라 나 있는 곳에 나를 섬기는 자도 거기 있으리니 사람이 나를 섬기면 내 아버지께서 저를 귀히 여기시리라"(요 12:25-26).

'내 행동에 대한 책임을 타인에게 돌림'과 '나의 행동에 책임짐'

모든 일이 형통할 때 우리는 공로를 자신에게 돌리기를 원합니다. 반면에 우리는 문제가 발생했을 경우에 즉각적으로 타인의 책임으로 돌리는 경향이 있습니다. 우리는 우리의 과거나 환경 또는 다른 사람들에게 비난의 화살을 돌립니다. 우리의 행동에 대해 책임지기를 싫어하는 것이지요. 이것은 아담과 하와가 에덴동산에서 취한 태도와 동일한 것 아닙니까? 우리는 상처받거나 실패를 경험하거나 또는 스스로의 행동에 대한 결과를 감당해야 하는 책임으로부터 우리 자신을 보호하고자 노력합니다. 하지만 궁극적으로는 진실을 아시는 하나님 앞에서 우리 자신의 행동에 대한 책임을 져야 합니다(롬 14:12을 읽으십시오).

"이러므로 우리 각인이 자기 일을 하나님께 직고하리라"(롬 14:12).

"이 세상이나 세상에 있는 것들을 사랑치 말라 누구든지 세상을 사랑하면 아버지의 사랑이 그 속에 있지 아니하니"(요일 2:15).

"내 계명은 곧 내가 너희를 사랑한 것같이 너희도 서로 사랑하라 하는 이것이니라"(요 15:12).

'물질을 얻기 위해 사람을 사용함'과 '사람을 위해 물질을 사용함'

오늘날과 같은 황금만능주의 시대에는 물질이 행복을 보장한다는 그릇된 생각을 갖기 쉽습니다. 사람들은 물질을 획득함으로 인간 본성의 근본적인 필요를 충족시키려는 수고를 끊임없이 합니다. 물질을 축적시키기 위해서라면 다른 사람을 이용하기까지 수단과 방법을 가리지 않습니다. 물질은 우리가 겪는 고통을 덜어주는 임시방편에 불과합니다. 심지어 물질은 하나님과 관계를 불편하게 합니다(요일 2:15을 읽으십시오).

사람이 아무리 많은 물질을 획득한다해도 진정한 만족은 하나님으로부터 옵니다. 사람을 사랑하고 사람을 위해 물질을 사용하는 것은 우리의 책임입니다. 그것이 바로 하나님 나라 계획의 방법입니다(요 15:12을 읽으십시오).

일터를 향한 세상의 계획은 하나님 중심적이기보다는 자기 중심적입니다. "남에게 대접받고자 하는 대로 남을 대접하라"는 황금률대신에 세상은, "내게 이익이 되는 대로 남에게 하라"고 가르칩니다. 세상의 관점은 창세기 4:9에 나오는 가인의 반응, "내가 내 아우를 지키는 자니이까?"에서도 볼 수 있습니다.

♣ 두 가지 세계관을 채워 넣으십시오.

세상 계획	하나님 나라 계획
나는 무엇이든지 할 수 있다 (자기 중심적 자신감).	______________
나는 스스로 가치있는 존재이다.	______________
나는 자신을 섬긴다.	______________
내 행동의 책임을 타인에게 돌린다.	______________
나는 물질을 얻기 위해 사람들을 사용한다.	______________

하나님의 방법: 만족으로 인도하는 공식

그리스도인으로 거듭나기 전에 나는 '직장에서의 정신적 압박감 해소법 세미나'를 인도했었습니다. 그런 세미나를 인도하면서도 나는 직장에서의 압박감으로부터 완전히 자유할 수 없다는 사실을 알았습니다. '사람들이 지금과 같이 치열한 경쟁사회에서 일을 해야 하는 한, 압박감에서 벗어날 수 있는 길은 없지'라고 스스로 생각한 적이 있었습니다. 세상 계획이 우리를 이끌 때 우리는 하나님과 분리되어서 필요를 충족시키고자 노력하게 되지만, 그 필요를 채울 수 있는 것은 아무 것도 없다는 사실을 발견하게 될 것입니다. 하나님이 인간을 그렇게 창조하지 않으셨기 때문입니다. 하나님은 우리 자신보다 우리의 필요가 무엇인지 더 잘 아십니다. 우리가 하나님을 신뢰하면 하나님은 우리를 충족시키십니다.

♣ 당신 자신의 세계관을 점검해 보십시오. 의심나는 부분이 있다면 다음의 질문을 스스로에게 물어보십시오.

· 나의 사고방식이 나의 삶에 함께 하시는 하나님의 권위를 침범하는 것인가?

____

· 나의 관점이 사람 중심적인가, 하나님 중심적인가?

____

· 나의 관점에 따라 행동할 때 그것을 통해 하나님께로 더 가까이 나가게 되는가?

____

기도 전략

당신이 그릇된 세계관을 좇아 살고 있는지 깨닫게 되도록 하나님께 구하십시오. 하나님의 사랑과 용서, 인도와 공급에 대한 감사의 기도를 드리십시오.

제5과

인간의 본성이 통치하는 시기

When Human Nature Reigns

"스스로 지혜롭게 여기지 말찌어다 여호와를 경외하며 악을 떠날찌어다 이것이 네 몸에 양약이 되어 네 골수로 윤택하게 하리라"(잠 3:7-8).

미국의 젊은 공군 대위인 스카트 오그랜디는 1995년 6월, 보스니아 상공에서 습격을 받아 추락했습니다. 적군에게 발각되지 않기 위해 6일 동안 풀밭에 바짝 엎드려 있던 그는 마침내 구조되었습니다. 오그랜디는 하루 아침에 세상의 이목을 집중시킨 영웅이 되었습니다.

오그랜디는 말했습니다. "저를 하나님의 사랑이 아니었다면 그리고 하나님을 향한 나의 사랑이 없었다면, 저는 결코 생존하지 못했을 것입니다."

단순한 행운입니까 아니면 하나님의 섭리입니까? 하나님의 보호하심이었습니까? 아니면 자신의 타고난 능력이었습니까? 우리의 삶이 인간의 본성에 의해 통치 받을 때, 하나님께서 마땅히 받으셔야 할 영광을 우리가 가로챕니다. 오그랜디의 경우에는 자신의 생존과 구조를 하나님의 영광으로 돌렸습니다. 제5과에서 당신은 인간의 기본적인 욕구에 대해 공부하고 그 욕구를 충족시키는 데 세상이 사용하는 방법과 하나님의 방법의 차이점을 알게 될 것입니다.

머슬로우의 욕구 단계

인간 본성에 관한 훌륭한 연구 중, 아브라함 머슬로우가 고안한

'욕구 단계'가 있습니다. 머슬로우에 의하면 사람은 특정 욕구를 충족시키고자 하는 본성을 가지고 있습니다. 그의 이론에 따르면, 이러한 욕구는 그 중요성에 따라 순서가 매겨져 있습니다. 처음으로 채워져야 하는 욕구는 가장 기본적인 것입니다. 높은 단계의 욕구는 기본적인 욕구들이 충족된 다음에야 채워질 수 있습니다.

♣ 아래의 여백에 삼각형을 그려 보십시오. 삼각형 내부를 균등한 간격으로 다섯 칸으로 나누십시오. 아래 칸부터 위쪽으로 순서대로 다음의 욕구들을 써 넣으십시오: 생물학적 욕구, 안전과 보호의 욕구, 사랑과 소속의 욕구, 자존감의 욕구, 자아실현의 욕구. 이와 같은 다섯 가지 욕구에 대한 설명을 아래에서 읽으십시오.

첫 번째 욕구의 단계는 생물학적 욕구입니다. 생물학적 욕구에는 의식주, 물, 산소와 같은 것들이 포함됩니다. 두 번째 안전과 보호의 욕구는 안전한 환경에 대한 욕구입니다. 다른 일들을 할 수 있기 위해서 우리는 위험으로부터 자유로워야 합니다. 세 번째 단계의 욕구는 사랑과 소속의 욕구입니다. 우리는 타인과 의미 있는 관계를 지향합니다. 네 번째 단계인 자존감은 타인에게 인정받고 존경받기를 원하는 욕구입니다. 우리는 성취감과 지위와 명성을 얻기를 원합니다. 인정받는 사람이 되기를 원하는 동기가 내면에 깔려 있습니다. 하지만 많은 사람들은 자신의 존재 가치를 다른 사람의 판단에 근거를 두는 잘못을 범합니다. 마지막 단계이자 삼각형의 최정상에는 자아실현이 있습니다. 우리는 우리의 잠재력을 최대한 발휘하기 원합니다. 타인의 생각과 상관없이 우리는 자신의 성취감과 삶의 의미 그리고 목적에 도달하려고 노력합니다.

머슬로우의 이론에 의하면, 욕구의 단계는 삼각형의 아래에서 시작하여 위로 발전하며 그 반대로 작용하는 경우는 없습니다. 자아실현의 욕구를 추구하기 위해서는 그 아래 욕구들이 먼저 충족되어야 하는 것입니다.

♣ 당신이 일터에서 경험한 일들 가운데, 머슬로우의 욕구 단계 이론의 각 단계에 해당되는 예가 있다면 한 가지 이상 적어 보십시오.

____

____

이러한 욕구 자체가 잘못된 것은 아닙니다. 하나님은 인간이 욕구를 갖도록 창조하셨습니다. 우리는 음식 없이 생존할 수 없습니다. 우리가 생존의 위협을 받고 있다면, 일터에서의 명성 따위에 집중할 수 없게 될 것입니다. 문제는 우리의 욕구 충족이 하나님의 뜻과 목적에 순종하는 일보다 우선 될 때 발생합니다.

세상의 방법으로 필요를 충족시킬 때

하나님께서 의도하신 방법이 아닌 세상의 방법으로 필요를 충족시키고자 할 때 우리에게 궁극적인 만족이 없다는 사실을 발견하게 됩니다. 인간의 욕구에 이끌려 하나님과 상관없이 그것을 충족시키려는 노력은 죄에 의해 타락한 일터의 모습입니다.

예수님과 부자 관원의 대화에서 하나님이 아닌 다른 원천으로부터 인생의 의미와 목적을 찾으려고 하는 문제가 여실히 드러납니다. 부자 관원이 예수님께 나아오기까지 그는 깊은 내면의 욕구를 채울 방법을 찾고 있었습니다. 예수님은 그에게 예수님 자신을 좇는 삶을 통해 하나님 나라를 경험할 수 있는 기회를 주셨습니다.

♣ 다음의 누가복음 18:18-23 말씀을 읽고 부자 관원의 필요와 그에 대한 예수님의 반응에 밑줄 그으십시오.

> "어떤 관원이 물어 가로되 선한 선생님이여 내가 무엇을 하여야 영생을 얻으리이까 예수께서 이르시되 네가 어찌하여 나를 선하다 일컫느냐 하나님 한 분 외에는 선한 이가 없느니라 네가 계명을 아나니 간음하지 말라, 살인하지 말라, 도적질하지 말라, 거짓 증거하지 말라, 네 부모를 공경하라 하였느니라 여짜오되 이것은 내가 어려서부터 다 지키었나이다 예수께서 이 말을 들으시고 이르시되 네가 오히려 한 가지 부족한 것이 있으니 네게 있는 것을 다 팔아 가난한 자들을 나눠 주라 그리하면 하늘에서 보화가 네게 있으리라 그리고 와서 나를 좇으라 하시니" (눅 18:18-23).

안타깝게도 그 부자 관원은 예수님께서 자신의 필요를 충족시키실 것이라는 것을 신뢰할 수 없었습니다. 왜냐하면 그는 오직 그 자신과 그의 경제적 지위를 의지하고 믿었기 때문이었습니다. 그 관원은 자신의 재산으로 그 삶의 든든함을 얻고 있었습니다. 그 관원은 그 물질적 부요함이 그 사회에서 그에게 제공하는 가치가 자신에게 필요하다고 느끼고 있었습니다. 그 부자 관원은 만왕의 왕께서 계시는 그곳에서 있었건만 하나님 나라도 또 그 나라 왕도 전혀 알아보지 못하고 있었습니다. 부자 관원은 하나님의 초청을 거절함으로 주님으로부터 배우고 그 분과 함께 살아갈 수 있는 특권을 놓치고 말았습니다.

이 일화에서 우리가 주목해야 할 점은 예수님께서 한 젊은 청년에게 자신의 인생을 투자하려고 하셨다는 것입니다. 예수님은 그 사람을 개인적으로 가르치고 훈련시키길 원하셨습니다. 그럼에도 불구하고 청년은 거절했습니다. 예수님을 따르기 위해서 그에게는 관점의 대변동이 요구되었으나 그는 결국 다시 없을 기회를 거절했습니다.

♣ 부자 관원이 예수님의 초청을 거절한 이유가 무엇입니까?

_____ 그는 자기 자신의 인생의 주권을 포기하지 않으려고 했다.
_____ 예수님의 초청은 비합리적인 것이었다.

♣ 부자 관원은 무엇을 잃게 되었습니까?

_____ 자기 소유 _____ 자기 사회적 지위

_____ 자기 영혼 _____ 아무 것도 잃지 않았다.

우리는 인간의 본성이 삶을 지배하여 하나님께서 제공하는 최선을 얻지 못하게 하는 시점을 분별하는 능력을 키워야 합니다. 우리는 그 시점을 분별해서 사탄의 거짓에 대항하고 하나님의 방법을 선택해야 합니다.

나의 필요를 채울 수 있는 방법은 무엇인가?

조금이라도 인간 본성이 우리의 삶을 지배하도록 양보하면 우리는 죄를 짓고 하나님과 멀어지는 결과를 초래하게 된다.

인간적 욕망이 삶을 지배하고 있을 때 그리스도인들은 죄라는 새로운 주인에게 주권을 양보하는 패배를 경험하게 됩니다. 부자 관원이 그랬듯이 우리도 하나님 나라를 놓치게 됩니다. 인간 본성이 우리의 삶을 지배하도록 양보하면, 우리는 죄를 짓고 하나님과 멀어지는 결과를 초래하게 됩니다. 이러한 현실이 오늘날의 일터를 타락시킨 주범입니다.

♣ 당신이 그린 머슬로우의 욕구 단계 삼각형 모형을 다시 살펴보십시오. 혹시 당신은 하나님과 분리되어서 필요를 채우려고 하지 않습니까? 만일 그렇다면 오늘 당장 하나님께서 그 필요를 채우시도록 당신이 할 수 있는 일을 한 가지만 적으십시오.

____

____

기도 전략

당신의 필요를 채우는 데 있어서 하나님을 신뢰하는 믿음을 갖도록 구하십시오. 당신을 돌보시는 하나님께 감사드리십시오.

그리스도인이 되는 방법
How to Become a Christian

「일터에서 하나님을 경험하는 삶」을 공부하면서 당신은 나 자신이 하나님과 사랑의 관계에서 살고 있지 않다는 것을 느끼게 되었을지도 모릅니다. 또 당신은 하나님께서 존재하지 않으시는 듯 하나님으로부터 동떨어진 그런 삶을 살아왔을지도 모릅니다. 하지만 하나님께서는 그분의 아들, 예수 그리스도를 통하여 당신의 삶에 매우 실제적이고 개인적인 관계를 이루기 원하시고 또 그 관계를 이루시기 위해 당신의 삶 속에서 지금도 일하고 계십니다. 혹시 하나님께서 당신을 그분에게로 가까이 부르시는 것을 느끼고 계십니까? 그렇다면, 어떻게 응답하시겠습니까?

성경은 우리 모두가 죄로 말미암아 하나님으로부터 분리되었다고 말씀해 줍니다(롬 3:23). 그러나 하나님께서는 우리를 심히 사랑하시므로 당신의 아들이 십자가에서 죽임을 당하시는 것을 허락하셨습니다. 우리가 마땅히 받아야 할 형벌을 대신 담당케 하시고 그 대신에 용서와 영생의 선물을 주신 것입니다. 하나님께서는 우리가 그분을 알고 또 사랑하기를 원하십니다. 그분은 당신에게 영생을 주시기 원하시는 것입니다.

1단계
죄인임을 고백하십시오
(롬 3:23).

"회개하라 천국이 가까왔느니라"(마 4:17) 하고 예수님께서는 명백하게 말씀하셨습니다. '회개'의 의미는 나의 삶의 태도를 바꾸는 것, 내 생각대로 살던 삶에서 돌아서서 하나님의 뜻을 향하는 것, 하나님께서 나의 삶을 다스릴 주권이 있으신 분이라는 것을 인정하고 그분의 아들 예수 그리스도를 향한 믿음으로 하나님을 완전히 신뢰하는 것을 말합니다. '천국'은 하나님께서 우리의 심령을 주재하시는 상태를 말하는 것입니다. 혹시 지금 나의 삶은 하나님과 상관이 없다고, 나의 심령을 하나님이 주관하지 못한다고 인정된다면 당신은 지금 자신의 죄를 고백하고 예수 그리스도를 당신의 구세주로 초청하실 수 있습니다. 지금 그렇게 하시겠습니까?

2단계
죄에서 돌아서십시오.
(마 4:17).

3단계
당신의 죄를 위하여 십자가에서 죽으신 예수님을 영접하십시오. (롬 10:9-10).

성경은 우리에게 이렇게 말씀하고 계십니다. "네가 만일 네 입으로 예수를 주로 시인하며 또 하나님께서 그를 죽은 자 가운데서 살리신 것을 네 마음에 믿으면 구원을 얻으리니"(롬 10:9). 어떤 종교적인 용어나 근사한 어휘를 써야 하는 것이 아닙니다. 그저 주님을 솔직한 마음으로 대하시면 됩니다. 지금 아예 하나님께 "나는 죄인입니다"라고 인정하고 자백하십시오. 하나님께서는 이미 당신의 모든 것, 심지어는 당신의 속 생각까지도 이미 알고 계시니까요. 나의 삶의 죄악을 용서해 달라고 주님께 간구하십시오. 그리고 그분께서 용서해 주시는 것을 믿으십시오. 주님께서는 용서해 주시겠다고 말씀하셨습니다. 당신의 삶을 그분께 드리십시오. 그분이 이제 당신의 삶에 주인이 되시도록 하십시오.

4단계
그리스도 안에서 얻어진 영생과 구원을 하나님께 감사드리십시오. (고후 5:17).

하나님께서는 거짓 없고 진실한 당신의 기도를 들어주시고 또 성령님을 당신 안에 부어 주실 것입니다. 이것은 꼭 나의 지난 삶이 죽어 없어지고 이제 새로운 삶이 태어나는 것 같을 것입니다. '거듭난다' 는 말의 의미는 바로 이런 것을 말하는 것입니다. 당신은 하나님의 새로운 창조물처럼 새로운 삶으로 태어나게 될 것입니다(고후 5:17). 이 새 삶은 영원한 삶이 될 것입니다. 그리고 주님께서는 당신과 영원히 함께 하실 것입니다. 예수님을 구세주로 모신 다음 해야 할 것은, 그리스도를 통하여 당신에게 새 삶을 주신 하나님께 감사를 드리는 것입니다. 하나님께서는 우리가 영적 성장을 이루기 원하십니다. 기록된 하나님의 말씀, 곧 성경은 우리들의 영적 양식입니다. 그러므로 우리는 이 말씀을 공부하여야 합니다. 또한 당신은 이제부터 다른 그리스도인들로부터 후원과 교제를 가질 필요가 있습니다. 만약에 이와 같은 후원과 교제가 소모임을 통해서 이루어진다면, 당신의 결심에 대하여 다른 사람들에게 나누십시오. 아니면 집에서 가까운 교회 목사님이나 크리스천 리더를 찾아 그 결심을 나누는 것도 좋습니다. 예수 그리스도의 제자로서 영적 성장을 도와 줄 수 있는 누군가에게 인도해 달라고 하나님께 기도하십시오. 하나님께서 분명히 인도해 주실 것입니다. 당신의 결신을 진심으로 기뻐하며 축하드립니다.

제 4 단원

그리스도에 의해 회복된 일터

The Workplace Christ Restores

단원목표

- 그리스도가 일터를 회복시키시는 네 가지 방법을 안다.
- 회복을 위한 세 가지 단계를 자신의 일터에 적용한다.
- 하나님 나라에 관한 예수님의 가르침을 생각하며 회복된 일터의 모습을 생생하게 묘사한다.

암송구절

“그런즉 누구든지 그리스도 안에 있으면 새로운 피조물이라 이전 것은 지나갔으니 보라 새 것이 되었도다 이는 하나님께서 그리스도 안에 계시사 세상을 자기와 화목하게 하시며 저희의 죄를 저희에게 돌리지 아니하시고 화목하게 하는 말씀을 우리에게 부탁하셨느니라”(고후 5:17, 19).

그리스도에 의해 회복된 일터

The Workplace Christ Restores

"그런즉 누구든지 그리스도 안에 있으면 새로운 피조물이라
이전 것은 지나갔으니 보라 새 것이 되었도다
이는 하나님께서 그리스도 안에 계시사 세상을 자기와 화목하게 하시며
저희의 죄를 저희에게 돌리지 아니하시고
화목하게 하는 말씀을 우리에게 부탁하셨느니라"(고후 5:17,19).

유리의 가족은 유리가 어렸을 때 러시아에서 베네수엘라로 이민왔습니다. 우리 부부가 유리를 만난 것은 베네수엘라에 선교사로 활동하고 있을 때였습니다. 유리는 그리스도인이 아니었지만 그의 부인은 믿음이 있는 사람이었습니다. 유리는 하나님에 대해 많은 의문을 가지고 있었습니다.

하루는 카라카스 시내에서 점심을 먹으며 그리스도가 우리의 삶을 어떻게 바꾸셨는지 얘기해 주었습니다. 그날 밤 집에 돌아간 유리는 무릎을 꿇고 자신의 삶을 그리스도께 굴복하는 기도를 드렸습니다.

유리가 그리스도인이 된 며칠 후 그의 사업은 부도가 났습니다. 별안간 그는 어마어마한 액수의 빚더미 위에 앉게 되었고 그것을 갚을 길이 없었습니다. 유리는 성공을 꿈꾸며 일을 열심히 해 왔지만 이제 그의 꿈은 물거품이 되고 말았습니다. 그 문화의 사람들이 이러한 상황에서 취하는 전형적인 방법은 빚더미를 뒤로 하고 도시를 떠나는 것이었습니다. 그렇지만 유리는 그 자신이 고백한 것처럼, 그리스도를 알지 못했을 때는 도저히 하지 못할 결

정을 내렸습니다.

유리는 카라카스를 떠나지 않았습니다. 오히려 그는 가장 많은 액수의 빚을 지게 된 공급업체를 찾아가서 사실대로 말했습니다. 그리고 그가 다른 일을 시작하게 되면 바로 빚을 갚을 것을 약속했습니다. 예상외로 그 사업체 사장은 화를 내지 않고 유리의 정직성과 자신의 빚을 갚으려고 노력하는 책임감에 감동 받아 일자리를 제공했습니다. 사실 그 제안은 일자리 이상이었습니다. 그 사업의 동업자로 일하면서 빚을 점차로 갚아나갈 수 있었습니다.

유리가 이 소식을 우리에게 전하면서 얼마나 흥분했는지요. "저는 그리스도께서 원하시는 일에 순종해야 한다는 사실을 알고 있었습니다. 제가 그리스도인으로 거듭나기 전에 이런 일이 일어났다면 저는 이렇게 하지 않았을 것입니다!"

비록 유리는 새내기 그리스도인이었지만 교회를 수년 동안 출석한 사람보다 하나님 나라 계획에 관해 더 잘 이해하고 있었습니다. 그가 순종하자 하나님은 유리가 상상하고 기대한 것 이상으로 복 주셨습니다. 예수님께서 하나님과 동역하기로 작정한 사람의 마음을 만지시면, 그에게는 예수님을 닮은 경건의 능력이 나타나며 그의 삶에는 진정한 변화가 찾아옵니다.

이번 단원에서는 예수 그리스도께서 믿는 사람들의 마음에 하나님 나라 계획을 회복시키실 때 어떤 일들이 일어나는지 공부하게 될 것입니다. 예수님은 당신의 일터를 포함해서 당신의 삶의 모든 영역을 변화시킬 수 있는 분입니다. 우리에게는 직장에서 '새로운 피조물' 과 화해의 제사장 역할을 할 수 있는 기회가 주어졌습니다.

제1과

선택권

A Choice of Kingdom

"내 나라는 이 세상에 속한 것이 아니라"(요 18:36).

믿는 사람들의 상당수가 세상 계획의 지배를 받는 직장에서 일합니다. 그들은 개인적으로는 그리스도를 알고 그분을 섬기기를 원하지만 매일 직장에서 겪어야 하는 일들이 하나님께 대한 그들의 헌신과 대립합니다. 어떻게 우리는 하나님과 상관없이 살아가는 세상 속에서 하나님 나라 계획을 따라 살아가며 하나님을 경험할 수 있습니까?

그 방법은 예수님과 아버지이신 하나님과 관계성에서 찾을 수 있습니다. 예수님은 완전히 다른 종류의 세계관을 가지고 일하셨습니다. 예수님은 인간적 본성이 삶을 지배하도록 허락하지 않으셨습니다. 하나님께 순종하고 하나님을 기쁘게 해 드리는 것이 예수님의 우선순위였습니다. 예수님의 행동과 생각에 영향을 미친 것은, 하나님과 독특한 관계성에서 비롯된 것이었습니다. 예수님의 생각과 말씀 그리고 인생이 모두 그 영향력 아래 있었습니다. 예수님에게 하나님은 과거나 현재 그리고 영원히 동일하신 절대 주권자셨습니다.

세상 계획의 유혹을 받음

전 단원에서 공부한 머슬로우의 '욕구 단계'를 복습하십시오. 예수님께서 지상에서 사역하시는 동안 이러한 욕구에 영향 받으셨습니까? 하나님께서 이러한 기본 욕구를 인간의 본성으로 지으셨다면, 예수님께서도 우리와 마찬가지로 그 기본 욕구부터 해결하셨어야 했습니다.

인성면에서 예수님의 욕구와 감정에 관해 우리는 어떠한 사실을 알고 있습니까? 친구의 죽음에 대해 우셨다고 성경은 기록하고 있습니다. 성전이 물건을 사고 파는 기능을 하는 곳으로 사용되어져 하나님의 명예가 더럽혀지는 것에 대해서 예수님은 화를 내셨습니다. 그는 주리기도 하시며 목마름을 경험하시고 피곤을 느끼셨습니다. 그럼에도 불구하고 예수님의 인성이 그의 인생의 계획을 주관하지 않았습니다! 예수님께서 겪으셨던 한 가지 사건을 살펴보겠습니다. 광야에서 그에게 나라 선택권이 주어졌을 때의 경험입니다.

♣ 성경에서 마태복음 4:1-11을 묵상하십시오. 아래 표의 빈 칸에 예수님의 인간적인 필요에 대한 사탄의 유혹과 예수님의 반응을 채워 넣으십시오.

유혹	필요	예수님의 반응
________	음식	________
________	안전과 타인의 존경	________
________	자아실현	________

당신은 유혹 난에 각각 몇 가지 가능한 대답을 쓰셨을 것입니다. 당신의 표와 비교해 가면서 교재의 내용을 계속 읽으십시오.

사탄이 공격한 첫 번째 필요는 가장 기본적인 것이었습니다. 즉 주린 배를 충족시킬 생물학적 욕구였습니다. 40일을 주야로 금식하신 예수님은 배가 매우 고프셨을 것입니다. 사탄은 예수님이 자신의 능력을 사용하여 그 필요를 채우도록 유혹했습니다. 하지만 예수님은 하나님의 공급하심에 대한 믿음을 선택했습니다.

다음으로 사탄은 예수님의 안전과 보호의 필요를 공격해 왔습니다. 사탄은 예수님이 뛰어내려도 다치지 않으실 것이라고 보장했습니다. 또한 사탄은 예수님께 타인의 존경을 받는 욕구를 부추기려 했습니다. 사탄은 예수님이 하나님과 특별한 지위를 증명해 보이길 원했습니다. 두 번째 시험에서도 역시 첫 번과 마찬가지로 하나님을 시험하지 않는 믿음을 택하셨습니다.

마지막으로 사탄은 예수님의 자아실현 욕구를 유혹했습니다. 예수님이 "천하 만국"(마 4:8)을 선택하고 사탄에게 절하는 유혹에 넘어갔다면 예수님은 하나님의 권위를 거부하는 결과를 낳았을 것입니다. 자신의 잠재력을 최대한 발휘하고자 하는 욕구는 예수님의 결정에 아무런 영향도 주지 못했습니다. 예수님은 하늘 아버지의 완전한 뜻에 자신의 뜻과 욕구를 굴복시켰습니다.

사탄은 어떻게 되었습니까? 패배 당하고 예수님을 떠났습니다. 그가 떠난 후, 하나님께서 천사들을 보내셔서 예수님의 필요를 채우게 하셨습니다. 예수님은 사탄의 유혹에서 승리하셨습니다. 얼마나 신나는 사건입니까? 그 이유가 무엇입니까? 그리스도 안에서 우리는 죄의 속성으로부터 승리를 거두는 경험을 할 수 있는 기회가 주어졌습니다. "그런즉 누구든지 그리스도 안에 있으면 새로운 피조물이라 이전 것은 지나갔으니 보라 새 것이 되었도다"(고후 5:17). 이것이 복음입니다.

♣ 히브리서 4:15-16을 펴서 읽으십시오. 당신이 끊임없이 직면하게 되는 유혹을 써 보십시오. 예수님도 당신과 마찬가지로 유혹을 받으셨지만, 죄를 짓지 않는 방법을 선택하셨다는 사실을 기억하십시오. 당신도 죄에서 승리를 거둘 수 있습니다.

____

____

아버지의 사랑으로 거둔 승리

예수님은 어떻게 사탄의 유혹을 물리치셨습니까? 우리는 예수님이 하나님의 아들이신 것과 신성을 가지신 동시에 인성을 소유하신

분이라는 사실을 압니다. 하지만 성경은 예수님께서 시험을 받으셨다고 말합니다. 예수님이 시험받으셨다는 것은 세상의 권력욕과 초인적인 능력을 놓고 갈등하셨다는 것을 의미합니다. 우리는 예수님의 승리의 비결을 광야 시험을 받으시기 전에 경험한 중요한 사건에서 엿볼 수 있습니다.

> "하늘에서 소리가 있어 말씀하시되 이는 내 사랑하는 아들이요 내 기뻐하는 자라 하시니라" (마 3:17).

♣ 마태복음 3:17을 읽으십시오. 하나님이 아들에 관해서 말씀하신 내용을 완성시키십시오.

"이는 내 ______ 하는 아들이요 내 ______ 하는 자라."

예수님은 자신이 하늘 아버지의 사랑하는 아들이라는 사실을 인식하고 있었습니다. 그는 아버지의 인정을 받기 위해서 부를 축적하거나 권력과 지위를 얻고자 하는 수고를 하지 않았습니다. 많은 사람들이 다른 사람–부모님, 배우자, 자녀, 상사 또는 친구–에게 인정받기 원하는 욕구를 충족시키기 위해 살아갑니다. 세상 계획에 따라 다른 사람에게 인정받으려고 할 때 우리는 일 중독증, 우선순위의 혼란 그리고 성공하기 위한 치열한 경쟁 사회에서 순수성을 잃는 것과 같은 결과를 초래하게 됩니다.

예수님과 같이 하나님 아버지의 사랑 안에 거하는 것은 우리에게 유익이 됩니다. 우리도 하나님의 무조건적인 사랑을 입고 살아갈 수 있습니다. 우리는 예수님과 마찬가지로 유업을 이을 하나님의 자녀입니다(갈 4:7). 그러므로 하나님의 사랑을 받아들이면 그 사랑은 당신의 직장 생활과 당신의 삶의 모든 영역을 변화시킵니다.

♣ 당신은 지금까지 직장 생활을 하면서 누구의 인정을 받으려고 노력해 왔습니까? 당신은 하나님께서, "이는 내 사랑하는 아들(딸)이요 내 기뻐하는 자라"고 말씀하시는 것을 느껴 본 경험이 있습니까?

☐ 예 ☐ 아니오

기도 전략

시편 139:23-24을 묵상하십시오. 당신의 마음을 살피실 것을 요청하십시오. 성령님께서 당신을 향한 하나님의 사랑과 승인을 드러내시도록 당신의 마음을 드리십시오. 다른 사람들의 인정을 받기 위해 노력한 것이 있다면 고백하십시오. 인정받기 원하는 당신의 욕구를 하나님께 맡기십시오. 예수님께서 하신 것처럼, 그 필요를 하나님께서 채우도록 그분을 신뢰하십시오.

제2과

하나님 나라 일꾼으로 사신 예수님

Jesus the Kingdom worker

"나의 하나님이 그리스도 예수 안에서 영광 가운데 그 풍성한 대로 너희 모든 쓸 것을 채우시리라"(빌 4:19).

"제가 중년의 위기에 들어선 것일까요? 정상의 자리에 오르면 모든 것이 다를 거라고 생각해 왔었는데…… "라고 말하는 존(John)의 얼굴은 피로와 수심으로 가득차 있었습니다. "저는 너무 불행합니다. 결혼생활도 원만하지 못하고 아이들도 문제가 많습니다. 직장에서 생존해 남기 위해서 해야하는 부도덕한 일들도 진력이 납니다."

존은 그 무엇에겐가 인정받고 싶은 욕구에 이끌려 살아 왔습니다. 존의 아버지는 성공적인 사업가였는데, 존은 한번도 아버지에게 인정을 받아본 적이 없었습니다. 존은 평생동안 오직 하나님께서만 주실 수 있는 것을 다른 것에서 얻어 보려고 애를 썼습니다. 그럼에도 불구하고 사람들은 존을 훌륭한 그리스도인으로 보았습니다.

존의 인생에 대한 공허함은 인간의 노력에 의해 극복될 수 있는 문제가 아니었습니다. 우리의 욕구를 충족시키려 함에 있어서 하나님을 신뢰하지 않고 그것을 우리 자신의 노력으로 얻으려고 할 때에 우리는 불안과 초조함과 우울함만을 얻을 뿐입니다. 이러한 것은 하나님의 사랑만으로도 충분하다는 사실을 깨달아야 합니다.

예수님께서 지상에서 사역하시는 동안 광야에서 받은 시험과 같은 유혹에 계속 직면하셨습니다. 이번 과를 공부하면서 예수님이 어떻게 하나님 나라 계획을 따라 사역하시며 사셨는가에 대한 예를 찾아 살펴보기로 하겠습니다.

하나님이 우리의 필요를 채우실 때

예수님은 자신의 필요를 아셨지만 그것을 채우기 위해서 하나님만 신뢰했습니다. 이와 마찬가지로 우리도 내면 깊은 곳의 필요를 충족시키기 위해 하나님만 의지하는 결단을 내릴 수 있습니다.

육체적 필요 예수님도 배고픔과 목마름을 경험하셨지만, 그러한 욕구가 자신의 삶을 인도하는 요인이 되도록 허락지 않으셨습니다. 예를 들어보겠습니다. 하루는 예수님의 제자들이 배가 고파서 먹을 양식을 구하기 위해 마을로 들어갔습니다. 같은 시간에 예수님은 마을 밖에 있는 우물에서 사마리아 여인을 만나셨습니다. 예수님은 그 여인에게 자신이 그리스도와 '생수'라는 사실을 드러내셨습니다. 후에 여인은 기다리던 메시아이신 그리스도를 만나도록 온 마을 사람들을 인도했습니다. 제자들이 예수님께 양식에 관한 언급을 했을 때 예수님은 "내게는 너희가 알지 못하는 먹을 양식이 있느니라 … 나의 양식은 나를 보내신 이의 뜻을 행하며 그의 일을 온전히 이루는 이것이니라"라고 대답하셨습니다(요 4:32, 34).

예수님은 하나님의 공급하심을 믿었다(요 6:35 참고).

안전한 환경에 대한 욕구 예수님은 제자가 되어 자신을 좇아 살고 싶어하는 사람들에게 다음과 같이 말씀하셨습니다. "여우도 굴이 있고 공중의 새도 거처가 있으되 오직 인자는 머리 둘 곳이 없다"(마 8:20). 아버지께서 정해 주신 사역의 길을 따라 산다는 것, 예수님께 그것은 곧 안주할 수 있는 가정도 집도 가질 수 없다는 것을 뜻하는 것이었습니다. 그럼에도 불구하고 예수님께서 아버지의 뜻을 따르셨습니다.

예수님은 하나님의 보호를 확신하셨다(마 10:28 참고).

예수님의 하나님 나라 계획에 헌신하신 정도는 지상 사역의 궁극적인 목적인 십자가로 가까이 도달해 가면서 더욱 분명히 드러났습니다. 예수님은 단순한 죽임이 아닌, 극도의 고통을 수반한 잔인한 형벌로써 죽음을 감당하시기까지 아버지이신 하나님의 뜻에 순종하는 길을 선택하셨습니다. 예수님은 아버지의 말씀에 순종하셔서 십자가를 지셨습니다. 그는 인간의 안전에 대한 욕구를 추구하지 않으시고 하나님께 순종하셨습니다.

♣ 당신이 일터에서 하나님의 뜻에 순종하기보다는 생물학적 욕구와 안전에 대한 욕구에 지배받도록 유혹하는 것이 무엇입니까? 아래에서 고르십시오.

_____ 직업을 유지하기 위해서 하나님의 명령에 불순종한다.
_____ 상사에게 잘 보이기 위해 거짓말한다.
_____ 가족의 살림을 마련하기 위해 회사의 공금을 횡령한다.
_____ 직장 동료가 나의 위로와 도움을 필요로 한다는 것을 알면서도 모른 체한다.
_____ 기타 ______________________________

예수님은 하나님의 긴밀한 사랑을 체험하셨다(요 15:9-10 참고).

사랑과 소속의 욕구 인간에게는 그룹, 집단, 당 또는 조직에 소속되기를 원하는 욕구가 있습니다. 어떤 사람들에게 있어서 이 욕구는 특별히 강해서 조직에 속하기 위해 악한 일을 하기도 합니다. 예수님은 이와 같은 소속의 욕구에 영향받지 않으셨습니다. 오히려 예수님은 종교지도자들의 거짓된 행동을 아시고 그들의 무리에 속하기를 원치 않으셨습니다.

· 예수님은 성전에서 장사하는 사람들을 채찍으로 쫓아내셨다.
· 예수님은 종교지도자들의 행동을 공개적으로 질책하셨다.
· 예수님은 바리새인들이 예수님을 죽일 음모를 꾸미는 계기가 될 줄 아셨음에도 불구하고 안식일에 병자들을 고치셨다.
· 예수님은 사회에서 외면당한 죄인과 세리들과 교제하셨다.
· 예수님은 오병이어의 기적을 경험하고 자신을 왕으로 삼으려는 사람들의 제안을 거절하셨다.

인간 본성에 속한 다른 욕구들과 마찬가지로, 사랑과 소속의 욕구 또한 인간 스스로 충족시킬 수 없는 것입니다. 다음의 성경구절을 읽으십시오.

> "아버지께서 나를 사랑하신 것같이 나도 너희를 사랑하였으니 나의 사랑 안에 거하라" (요 15:9).

하나님은 소속되기 원하는 우리의 필요를 가족이나 친구 관계를 통해 채우시기도 하고 몸의 기능을 하는 교회 안에 우리를 두기도 하십니다(고전 12장 참고). 그리스도의 몸으로서 우리는 기능을 하며 사랑합니다. 하지만 가장 큰 만족은 예수 그리스도를 통한 하나님과 사랑 관계에서 찾아옵니다.

♣ 당신은 세상 계획이나 하나님 나라 계획, 둘 중 하나를 따라 살 수 있는 선택권을 가지고 있습니다. 당신에게 가장 중요하게 생각되는 것에 표시하십시오.

_____ 나는 하나님의 사랑을 받으며 그분과 올바른 관계를 맺기 원한다. 그리고 하나님의 가족인 교회에 소속되기 원한다.

_____ 나는 내 주위에 있는 사람들을 기쁘게 하기 위해 옳지 않은 일이라는 것을 인식하면서도 그것을 한다. 하나님은 나를 이해하고 용서하실 것이다.

인정받기 원하는 욕구 하나님의 아들이신 예수님은 위대한 업적으로 인정받고 영광스러운 지위를 구하기보다는 수건을 두르시고 제자들의 발을 씻기 위해 자신을 낮추는 종의 태도를 취하셨습니다(요 13:15-17 참고).

예수님은 하나님께 인정받으셨다(요 8:54 참고).

예수님은 섬기는 종의 삶을 사셨습니다. 그분은 아버지이신 하나님을 섬기시기 위해 사람들을 섬기셨습니다. 섬김의 삶을 살도록 본을 보이신 것입니다. 예수님은 비위 맞추는 사람들의 말에서 만족하신 것이 아니라 하나님을 기쁘시게 해 드리는 데서 만족을 얻으셨습니다.

예수님의 목적은 하나님의 뜻에 순종하는 것이었다(마 26:39 참고).

거도 전략 하나님께 진실한 태도를 취하십시오. 당신의 모든 욕구를 말씀드리십시오.(하나님께서 이미 그것을 알고 계시지만 이렇게 하는 것은 당신이 하나님께 그것들을 내어드리도록 도울 것입니다.) 당신의 필요를 채우시는 하나님께 미리 감사하십시오.

자아실현 예수님은 인생의 목적을 달성하셨습니까? 그분의 인생이 성공적이었다고 생각하십니까? 자신의 잠재력을 최대한 발휘했습니까? 십자가에서 예수님은 "다 이루었다"라고 말씀하셨습니다(요 19:30). 예수님은 하나님 나라 사역에 헌신함으로 최고의 자아실현을 하셨습니다.

예수님은 인성과 신성 중 하나를 선택해서 살 수도 있었습니다. 매일, 매순간 예수님은 아버지 하나님이 절대 주권자이심을 인식하며 일하셨습니다. 예수님께서 말씀하셨습니다. "세상에서는 너희가 환난을 당하나 담대하라 내가 세상을 이기었노라 하시니라"(요 16:33).

제3과

일터를 회복시키는 그리스도의 방법

How Christ Restores the Workplace

예수님의 삶의 목적이 일터에서 하나님 나라 계획을 따르는 생활을 보여 주는 것이었다면, 예수님은 우리가 본받을 수 있는 훌륭한 본이 될 것입니다. 감사하게도 예수님은 본보기 이상이십니다. 그분은 "길이요 진리요 생명"이십니다(요 14:6). 예수님은 하나님께서 태초에 의도하신 일터를 회복시키시기 위해 오셨습니다. 우리가 예수님의 능력에 의존할 때 하나님 나라의 사역에 동참하게 됩니다. 제3과에서는 예수님이 하나님 나라의 일꾼들의 삶과 관계성, 행위와 생산성을 변화시킴으로 일터를 회복하시는 방법에 대해서 공부하게 될 것입니다.

"예수께서 가라사대 내가 곧 길이요 진리요 생명이니 나로 말미암지 않고는 아버지께로 올 자가 없느니라"(요 14:6).

삶을 변화시키시는 그리스도

예수님은 우리를 하나님과 바른 관계로 회복하심으로 우리의 일터를 회복시키십니다. 우리가 하나님과 올바른 관계 가운데 들어간다면 우리의 삶은 달라집니다. 직장에서 우선순위가 새로워집니다. 삭개오 이야기는 그리스도가 어떻게 삶을 변화시키시는지 우리에게 설명해 줍니다.

예수님은 우리를 하나님과 바른 관계로 회복하심으로 우리의 일터를 회복시킨다.

♣ 성경 누가복음 19:1-10을 찾아 읽으십시오. 예수님이 삭개오와

그의 직업에 가져온 변화는 무엇입니까? 예수님을 만난 삭개오가 변화하기로 결심한 내용에 밑줄을 그으십시오.

> "예수께서 여리고로 들어 지나가시더라 삭개오라 이름하는 자가 있으니 세리장이요 또한 부자라 저가 예수께서 어떠한 사람인가 하여 보고자 하되 키가 작고 사람이 많아 할 수 없어 앞으로 달려가 보기 위하여 뽕나무에 올라가니 이는 예수께서 그리로 지나가시게 됨이러라 예수께서 그곳에 이르사 우러러보시고 이르시되 삭개오야 속히 내려오라 내가 오늘 네 집에 유하여야 하겠다 하시니 급히 내려와 즐거워하며 영접하거늘 뭇 사람이 보고 수군거려 가로되 저가 죄인의 집에 유하러 들어갔도다 하더라 삭개오가 서서 주께 여짜오되 주여 보시옵소서 내 소유의 절반을 가난한 자들에게 주겠사오며 만일 뉘 것을 토색한 일이 있으면 사 배나 갚겠나이다 예수께서 이르시되 오늘 구원이 이 집에 이르렀으니 이 사람도 아브라함의 자손임이로다 인자의 온 것은 잃어버린 자를 찾아 구원하려 함이니라"(눅 19:1-10).

멸시받던 세리 삭개오는 거듭났습니다. 그의 집에 구원이 찾아온 것입니다. 사람이 회개하고 거듭날 때, 그리스도께서 죄를 용서하시고 그것을 없애주시며 상처를 치유하시고 생명을 허락하십니다. 죄의 옛 속성은 사라지고 그리스도의 새로운 속성이 우리 안에 자리하게 됩니다. 이것이 바로 삭개오에게 일어난 일입니다. 죄 용서를 받고 하나님과 바른 관계 가운데 들어선 삭개오는 자신의 재산 절반을 가난한 자들에게 나누어 주고, 부당 이득을 취한 사람들에게 취한 것의 네 배로 갚아주었습니다.

예수님은 생명을 구원하고 삶을 변화시킴으로써 사람들의 일터를 회복하십니다. 개인의 삶의 변화는 곧 그의 주위의 모든 것의 변화를 유도합니다. 그들은 더 이상 죄의 통치를 받지 않습니다. 그 이유는 고린도후서 5:17에서 찾을 수 있습니다. "그런즉 누구든지 그리스도 안에 있으면 새로운 피조물이라 이전 것은 지나갔으니 보라 새 것이 되었도다."

삭개오는 그 변화된 삶의 일(재산의 반을 가난한 자에게 주고 억울하게 토색한 자의 것을 네 배로 갚는 일)을 통하여 회개의 열매를 보였습니다. 삭개오의 경우와 같이 우리의 직장 생활도 그리스도로 인한 삶의 변화를 드러내는 것이어야 합니다.

우리의 직장 생활도 그리스도로 인한 삶의 변화를 드러내는 것이어야 한다.

관계를 변화시키시는 그리스도

죄는 오늘날의 일터에서 관계성을 깨뜨립니다. 그리스도는 평화의 왕으로 우리의 일터 가운데 들어오십니다. 그분의 능력은 깨어진 관계성을 회복시키시며 하나님과 사람들을 향한 사랑을 드러나게 합니다. 섬김의 정신은 동료들 사이에 협력과 조화의 분위기를 일으킵니다.

앞에서 묘사한 일터의 모습이 실현 불가능한 이상향으로만 느껴지십니까? 그렇지 않습니다. 기도와 순종을 필요로 하는, 오랜 시간이 걸리는 작업이긴 하지만 가능합니다. 누룩이 밀가루 반죽에서 작용하듯이 그리스도가 당신의 일터에서 일을 시작하실 것입니다. 부분적으로 시작된 하나님의 사랑은 곧 편만히 퍼져나가 일터 전체에 그 영향력을 행사하게 됩니다.

우리의 인생 가운데 폭풍우가 몰아친다고 해도 우리는 그러한 환경과 상관없이 그리스도께서 주시는 내적 평안을 경험할 수 있습니다. 하나님 나라 계획은 우리가 사랑 안에서 평화와 조화의 삶을 살도록 요구합니다. 우리 안에 그리스도의 사랑이 충만할 때 그 사랑은 우리 주위 사람들에게까지 흘러갑니다.

그리스도인들이 다른 사람들을 대하는 태도에 대해서 성경은 분명한 지침을 제공합니다. 말씀에 순종할 때 사람들과 관계가 회복됩니다. 직장동료들간의 올바른 관계성은 일터에 주목할 만한 변화를 가져옵니다.

"서로 인자하게 하며 불쌍히 여기며 서로 용서하기를 하나님이 그리스도 안에서 너희를 용서하심과 같이 하라" (엡 4:32).

♣ 직장 동료와 회복해야 하는 관계성이 있는지 생각해 보십시오. 그 사람을 사랑으로 대하는 것이 관계성에 어떠한 영향을 미치겠습니까?

그리스도로 인한 행실과 생산성의 변화

♣ 성경에서 디도서 2:9-14을 찾아 읽으십시오. 그리스도의 통치를 받는 사람의 성품의 특성을 적어 보십시오.

사도 바울은 그리스도인들에게 순종, 선함, 화평, 겸손, 자제, 정직, 경건, 진실, 온유, 존중, 사랑, 성실, 술 취하지 않음, 순결, 친절, 권위에 복종 등과 같은 덕목들을 갖도록 가르칩니다. 그리스도인들이 이와 같은 기준에 따라 행동할 때에 직장 동료들은 분명한 차이를 감지하게 될 것입니다. 직장 동료들은 바로가 요셉에게 말한 내용과 동일한 얘기를 하게 됩니다. "이와 같이 하나님의 신이 감동한 사람을 우리가 어찌 얻을 수 있으리요"(창 41:38).

우리가 "사랑과 희락과 화평과 오래 참음과 자비와 양선과 충성과 온유와 절제"(갈 5:22-23)의 생활을 할 때, 우리 안에 계신 성령님의 능력이 드러납니다. 영적인 열매를 맺는 삶은 자기 중심적인 계획에 따라 움직이는 세상에서 빛과 소금의 역할을 감당하게 됩니다(마 5:13-14 참조).

"너희가 과실을 많이 맺으면 내 아버지께서 영광을 받으실 것이요 너희가 내 제자가 되리라"(요 15:8).

♣ 요한복음 15:8 말씀에 의하면 열매 맺는 것은 세상에게 무엇을 증명하는 것입니까?

____

____

그리스도는 당신이 주님의 제자인 것을 세상 사람들에게 알리기 위해서 당신이 열매를 맺는 삶을 살도록 하십니다. 당신이 하나님께 순종하면 당신의 삶은 평화와 열정과 경건한 영향과 능력을 나타냅니다. 하나님은 당신을 사용하셔서 당신이 함께 일하는 사람들이 하나님을 주목하도록 하십니다. 하나님께서 당신을 복 주시는 이유를 당신의 동료들과 나눌 기회가 찾아올 수도 있습니다.

그리스도의 능력

죄가 만연하고 직장 동료들이 자기중심적인한, 우리의 행동은 하나님께 합당한 것이 될 수 없다고 직장에서 자주 핑계를 댑니다.

> "그의 신기한 능력으로 생명과 경건에 속한 모든 것을 우리에게 주셨으니 이는 자기의 영광과 덕으로써 우리를 부르신 자를 앎으로 말미암음이라 이로써 그 보배롭고 지극히 큰 약속으로 말미암아 너희로 정욕을 인하여 세상에서 썩어질 것을 피하여 신의 성품에 참예하는 자가 되게 하려 하셨으니"(벧후 1:3-4).

♣ 베드로후서 1:3-4을 읽으셨습니까? 예수님의 신기한 능력으로 우리에게 주어진 것이 무엇입니까?

_____ 존경　　　　_____ 사랑과 소속감
_____ 안전　　　　_____ 음식
_____ 우리가 필요한 모든 것

♣ 우리는 어떤 특권을 약속받았습니까?

_____ 신의 성품에 참여하게 되었다.
_____ 물질적인 부
_____ 세상 왕국을 통치하게 되었다.

♣ 주님의 놀라운 능력으로 우리가 피하게 된 것은 무엇입니까?

_____ 불공평한 업무
_____ 세상의 타락
_____ 해고

베드로는 일터가 그리스도의 능력으로 채워질 수 있다고 확신했습니다. 하나님의 약속과 비교해 볼 때 불경건한 행동에 대한 우리의 변명은 무의미한 것입니다. 세상을 정복하신 하나님으로 인해서 우리는 승리할 수 있습니다.

기도 전략

당신의 일터에 함께 하시는 그리스도의 능력에 감사드리십시오. 하나님의 약속을 굳게 믿을 수 있도록 기도하십시오. 당신의 관계성과 행실과 생산성이 하나님의 뜻에 부합되도록 간구하십시오.

제4과

회복의 절차

Steps to Restoration

제이슨(Jason)은 은밀한 중에 일하는 하나님의 일꾼입니다. 그는 인생의 깊은 상처로 신음하는 사람들을 돕습니다. 제이슨은 그들의 아픔을 이해합니다. 그 역시 아픔을 경험했기 때문입니다. 열여덟 살 되던 해에 제이슨은 오토바이 사고로 왼쪽 다리를 잃었습니다. 몇 년에 걸쳐 우울증에 시달리던 그는 대학에 입학했지만 이내 학업을 중단하기에 이르렀고 마침내 철물점에서 일하게 되었습니다.

지금 그는 인조 다리를 제조하는 회사에서 근무하고 있습니다. 제이슨은 자신이 겪은 문제이기에 "남에게 대접을 받고자 하는 대로"(마 7:12) 남에게 해야 하는 삶에 대한 중요성을 인식하고 있습니다. 제이슨은 처음으로 자기 일에 대해 만족을 느낍니다.

그리스도께서 우리의 일터를 회복시키시기 위해서 우리는 세상 계획과 반대되는 세 가지 단계를 거쳐야 합니다.

· 우리는 하나님의 절대주권에 우리 삶의 방향을 재조정해야 한다.
· 우리는 우리 자신의 계획을 버려야 한다.
· 우리는 왕국의 사역 방법을 채택해야 한다.

♣ 예수님은 위의 세 가지 단계를 누가복음 9:23에서 제시하셨습니다. 예수님께서 말씀하신 3단계에 밑줄 그으십시오.

"또 무리에게 이르시되 아무든지 나를 따라 오려거든 자기를 부인하고 날마다 제 십자가를 지고 나를 좇을 것이니라"(눅 9:23).

나를 좇으라

1단계: 하나님의 절대주권에 삶의 방향을 재조정하라

누가복음 9:23의 예수님의 말씀은 "나를 좇을 것이니라"라는 명령으로 끝을 맺고 있지만, 사실상 하나님의 절대주권에 우리 삶의 방향을 재조정하기 위한 첫 단계는 바로 예수님을 좇아가는 데서 시작됩니다.

우리가 하나님의 절대주권을 거부하여 우리 자신에게 초점을 맞추고, 하나님을 떠나서 필요를 채우려고 노력할 때 세상의 계획을 받아들이는 것이라고 공부한 1단원 2과의 내용을 기억하십니까? 하나님 나라 계획에 따라 살기 위해서 우리는 이와 반대되는 방향으로 나가야 합니다. 이것은 바로 회개의 단계로써, 세상의 방법에서 하나님의 방법으로 돌아서는 것입니다. 예수님께서 전하신 최초의 메시지는 매우 간단했습니다. "회개하라 천국이 가까왔느니라"(마 4:17).

방향을 재조정하는 데 있어서 기도보다 더 좋은 출발점은 없습니다. 조용한 곳에서 하나님과 만날 때 주권자, 전능하신 하나님, 영원하신 아버지, 만왕의 왕 등과 같은 하나님의 절대주권을 드러내는 호칭을 사용하십시오. 당신이 하나님의 지위를 인식하고 있다는 사실을 표현하십시오. 많은 사람들의 경우에 있어서 하나님께 무릎 꿇고 기도 하는 것은, 하나님의 절대주권에 대한 우리의 인지를 드러내 주는 것입니다.

하나님이 절대 주권자이시므로 하나님께서 당신의 계획을 주관하실 권리를 갖고 계심을 고백하십시오. 하나님의 영광을 위하여 그분의 목적을 달성하는 일에 자원하기 원하는 당신의 마음을 표현하십시오.

♣ 다음의 진술에 대한 당신의 입장은 무엇입니까?

"우리의 진정한 갈등은 하나님의 뜻을 발견하는 것이 아니라 우리가 하나님의 뜻에 순종하는가 하는 것이다."

□ 동의 □ 반대

자기를 부인하라

2단계: 자신의 계획을 버려라

누가복음 9:23에서 예수님은 우리가 예수님의 제자가 되기 위해서 자기 자신을 부인해야 함을 설명하고 계십니다. 세상 계획은 우리에게 자기 능력, 자신의 만족도, 독립 독행 그리고 자기 중심성을 따라 일할 것을 가르칩니다. 하나님의 간섭을 철저히 배제합니다. 자기 중심성은 인간 본성이 군림하도록 허락합니다. 그 결과로 죄악이 따라옵니다.

♣ 그리스도를 따르기 위해서 당신이 부인해야 하는 것은 무엇입니까? 당신 자신에게 맞추어진 초점이 죄의 속성을 띠고 있지 않습니까? 만일 그렇다면 지금 자백하십시오.

____

____

____

____

우리 자아가 없어지는 시점에서 비로소 하나님 나라 계획은 시작됩니다. 자기 중심에서 벗어나 하나님 중심으로 전환입니다. 우리 자신의 계획을 저버리기 위해서 날마다 자신의 자아를 죽이는 자기 부인의 과정이 필요합니다.

십자가를 지라

3단계: 왕국의 사역 방법을 채택하라

십자가를 지기 위해서 날마다 하나님의 뜻에 복종해야 합니다. 하나님은 당신의 주인이 되기 원하십니다. 당신이 스스로 삶을 통치할 때 당신은 하나님께서 계획하신 풍성한 삶을 누리지 못하게 됩니다. 십자가를 지는 사람은 새로운 성공의 개념을 가지게 됩니다. 성공은 곧 우리가 하는 모든 것이 하나님의 영광을 위해서 하는 것입니다. 그리스도인은 하나님 나라의 백성이라는 분명한 인식을 갖고, 하나님의 영광을 위해 수고해야 하는 것입니다. 하나님은 우리의 왕이시며 우리는 그의 나라 일꾼입니다. 하나님이 우리에게 업무를 부여하십니다.

하나님과 새로운 동역 관계에서 하나님은 우리 삶의 모든 영역의 절대 주권자이십니다. 당신의 삶과 일에 대한 계획은 하나님과 매일 갖는 긴밀한 교제 가운데 세워집니다. 하나님 나라의 사역 방법을 채택한다는 것의 의미는 다음과 같습니다.

- 하나님께서 당신의 필요를 채우시도록 한다.
- 창조사역과 구속사역이 하나님께로부터 왔음을 인정한다.
- 하나님께서 공급하시며 당신을 보호하신다는 믿음을 가진다.
- 자신을 사랑하기보다 하나님을 사랑한다.
- 예수 그리스도가 당신을 사랑하신 희생적 사랑으로 다른 사람들을 사랑한다.

계속해서 제5단원과 6단원을 통해 하나님께서 감당케 하신 사역을 성취하기 위한 두 가지 측면–하나님 나라 사역자의 성품을 개발시키고 하나님 나라 사역을 감당하는 측면–을 살펴보도록 하겠습니다.

> "무슨 일을 하든지 마음을 다하여 주께 하듯 하고 사람에게 하듯 하지 말라 이는 유업의 상을 주께 받을 줄 앎이니 너희는 주 그리스도를 섬기느니라"(골 3:23-24).

♣ 골로새서 3:23-24에서 바울은 하나님 나라 사역자의 모습을 설명합니다. 다음의 질문에 답하십시오. 당신은 일터에서 누구를 섬기고 있습니까?

_____ 자기 자신 _____ 직장 상사 _____ 주님이신 예수 그리스도

♣ 하나님 나라 백성에게 있어서 성공의 의미는 무엇입니까?

_____ 행복
_____ 하나님의 영광을 위해 일함
_____ 경제적 독립

♣ 우리가 일터에서 최선을 다해야 하는 이유가 무엇입니까?

_____ 승진하기 위해
_____ 돈을 벌기 위해
_____ 우리는 주님을 대표하기 때문에

기도 전략 회복된 일터를 위한 세 가지 단계를 복습하십시오. 당신은 세 가지 단계 모두에 헌신되어 있습니까? 만일 그렇다면 당신에게 능력 주신 하나님을 찬양하십시오!

제5과

회복된 일터를 경험함

Experiencing a Restored Workplace

"예수께서 대답하시되 내 나라는 이 세상에 속한 것이 아니라 만일 내 나라가 이 세상에 속한 것이었더면 내 종들이 싸워 나로 유대인들에게 넘기우지 않게 하였으리라 이제 내 나라는 여기에 속한 것이 아니니라"(요 18:36).

루시타(Lucita)는 대학교에서 조교로 일했습니다. 그녀가 조교로 섬기는 교수는 무신론자로서 성미가 까다롭고 직원들을 무시하는 사람이었습니다. 루시타가 다른 직장으로 옮길 것을 기도하며 직장에서 울면서 퇴근한 적이 한두 번이 아니었습니다.

그 교수가 급성 암 진단을 받았을 때, 루시타는 하나님께서 병원에 문안 가기를 원하신다는 생각을 하게 되었습니다. 루시타는 7주 동안 하루도 빠짐없이 병원을 찾아갔습니다. 교수의 마음은 점차 열리기 시작했습니다. 그는 루시타가 성경 말씀을 읽고 자신을 위해 기도하도록 허락했습니다. 그러던 어느 날 그 교수는 세상을 떴습니다. 그녀는 주님께 충성했으며 스페인 말로 "작은 빛"이라는 뜻을 가진 자신의 이름에 충실했습니다. 그녀는 실로 죄로 타락하여 어두워진 세상에서 빛나는 작은 빛과 같은 존재였습니다.

그리스도가 일터를 회복시키지만 일하기 편한 완벽한 장소로 만드시지 않습니다. 그리스도가 회복하시는 일터는 예수 그리스도와 관계 때문에 삶이 변화된 사람들의 마음속에서 일어납니다. 우리 주위의 세계가 스스로 계획에 따라 일을 한다 할지라도 그리스도인들은 다른 주인을 섬깁니다. 그분은 세상 가운데 계시지만, 이 세상에 속하지 않은 분입니다. 그분은 유일하신 참 하나님이십니다.

그리스도가 일터를 회복시키지만, 일하기 편한 완벽한 장소로 만드시지 않는다.

하나님 나라의 묘사도

예수님은 하나님 나라의 시민으로서 일하는 삶을 사셨습니다. 예수님은 모든 사람을 섬기셨지만 오직 한 분께만 보고했습니다. 예수님은 절대 주권자이신 하나님이 주관하시는 일에 동참하는 동역 관계를 날마다 경험하셨습니다. 예수님은 아버지께서 지휘하신다는 사실을 한 번도 잊지 않으셨습니다.

예수님은 제자들이 하나님 나라의 시각을 가질 수 있도록 지속적으로 그들의 삶을 재조정하셨습니다. 예수님의 가르침은 제자들에게 타락한 세상 속에서 하나님의 절대 주권을 인정하면서 살아가는 명백한 지침을 제공해 주었습니다. 예수님은 제자들에게 하나님의 마음에 대한 비범한 통찰력을 제공하셨습니다. 예수님은 제자들의 사고방식을 뒤흔들어 놓으셨습니다.

제자들이 하나님 나라를 이해할 수 있도록, 예수님께서 세 가지 묘사를 사용하셨습니다. 각각의 묘사도를 통하여, 우리가 하나님 나라의 계획에 따라 살 때 그리스도께서 회복하시는 일터의 모습을 볼 수 있습니다.

축복의 작은 씨앗

> "또 비유를 베풀어 가라사대 천국은 마치 사람이 자기 밭에 갖다 심은 겨자씨 한 알 같으니 이는 모든 씨보다 작은 것이로되 자란 후에는 나물보다 커서 나무가 되매 공중의 새들이 와서 그 가지에 깃들이느니라"(마 13:31-32).

첫 번째 묘사는 겨자씨 비유입니다. 하나님은 세상의 눈에는 작아 보이는 것을 취하여 하나님의 영광과 다른 사람들의 축복의 통로로 자라나게 하시기를 즐기십니다. 그리스도에 의해 회복된 일터에서 그리스도인은 다른 사람들의 삶을 풍요롭게 하는 '작은 씨앗' 입니다. 그래서 하나님께서 씨앗인 그리스도인의 태도와 능력을 사용하시도록 헌신해야 합니다. 격려의 미소, 감사의 표현, 수고를 덜어주는 도움 등과 같은 작은 친절은 사람들을 축복하고 하나님께 영광을 드릴 수 있는 행위입니다.

조용한 바람과 같은 하나님의 존재

"내가 네게 거듭나야 하겠다 하는 말을 기이히 여기지 말라 바람이 임의로 불매 네가 그 소리를 들어도 어디서 오며 어디로 가는지 알지 못하나니 성령으로 난 사람은 다 이러하니라"(요 3:7-8).

하나님 나라를 묘사하는 두 번째 그림은 바람입니다. 예수님은 니고데모에게 바람의 출처와 목적지의 신비가 성령으로 난 모든 사람에게도 적용된다고 가르칩니다. 그리스도에 의해 회복된 일터는 인간적인 요인과 행동에 의해서 설명될 수 없습니다. 성령님의 능력의 조용한 바람은 환경이 우리를 압박해 올 때에 하나님 나라 일꾼들을 뒷받침하는 힘이 됩니다. 마치 무더운 여름날 밤에 불어오는 시원한 바람과 같이, 성령님은 논쟁의 열기를 식히시며 비판과 불평의 거친 분위기를 잠재우십니다.

반죽 전체를 부풀린 누룩

"또 가라사대 내가 하나님의 나라를 무엇으로 비할꼬 마치 여자가 가루 서 말 속에 갖다 넣어 전부 부풀게 한 누룩과 같으니라 하셨더라"(눅 13:20-21).

마지막 묘사도는 밀가루 반죽을 부풀리는 누룩입니다. 그리스도에 의해 회복된 일터에서 하나님 나라의 일꾼들은 업무의 모든 측면에서 발효 효모의 역할을 하여 일터 전체에 영향을 끼칩니다.

많은 수의 그리스도인들은 자신의 밀가루 반죽을 죄로 납작해져 있는 세상으로 가져가기보다는 교회 찬장에 올려 놓는 것에 만족하고 있습니다. 그리스도인이자 누룩으로서 우리가 할 일은 우리 일터의 도덕성, 예의범절, 민감성을 하나님의 기준으로까지 끌어올릴 수 있도록 영향을 미치는 것입니다. 이것은 누룩이 작용하는 증거입니다.

당신 안에 있는 하나님 나라

당신의 직장에 대해 생각할 때 그리스도께서 당신을 통해 당신의 일터에서 실현하시고자 하는 일이 무엇인지 알 수 있도록 왕국을 묘사한 세 가지 비유를 함께 묵상하십시오.

♣ 당신이 직장에서 미치는 영향력을 고려할 때 하나님께서 당신을 어떻게 사용하기 원하신다고 느낍니까? 혹은 어떻게 사용하고 계십니까?

겨자씨와 같은 축복의 '작은 씨앗'으로서의 역할 :

____

하나님의 존재를 알리는 '조용한 바람'으로서의 역할 :

____

하나님의 영광을 위하여 일터 전체에 영향을 끼치는 '누룩'으로서의 역할 :

____

하나님의 나라는 마음의 변화를 받은 사람들의 새로운 사고방식을 요구합니다. 예수님은 창조주에 대한 경이로움을 다시 불러일으키셨습니다. 우리 삶 가운데 일하시는 하나님의 절대 주권을 깨달을 때 우리의 삶은 변할 수밖에 없습니다. 우리가 변화되면 우리 주변 세계도 변합니다.

기도 전략

당신을 주목하고 있는 세상 사람들에게 하나님 나라를 드러낼 수 있는 도구가 되게 해 달라고 기도하십시오. 겨자씨와 바람 그리고 누룩으로서 있는 곳에서 그리스도를 증거하는 삶의 본을 당신에게 보여준 사람들에게 감사하십시오.

예수님께서 묘사하신 하나님 나라

- 축복의 작은 씨앗 - 그리스도에 의해 회복된 일터에서 그리스도인은 다른 사람들의 삶을 풍요롭게 하는 '작은 씨앗'입니다.
- 조용한 바람과 같은 하나님의 존재 - 그리스도에 의해 회복된 일터는 인간적인 요인과 행동에 의해서 설명될 수 없습니다. 성령님 능력의 조용한 바람은 환경이 우리를 압박해 올 때에 하나님 나라 일꾼들을 뒷받침하는 힘이 됩니다.
- 누룩 - 그리스도에 의해 회복된 일터에서 하나님 나라의 일꾼들은 업무의 모든 측면에서 발효 효모의 역할을 하여 일터 전체에 영향을 끼칩니다.

제5단원

하나님 나라 사역자

The Kingdom Worker

단원목표

- 세상의 동기와 사랑의 동기를 비교한다.
- 하나님에 대한 지식과 신뢰, 행동하는 믿음인 순종을 가져온다는 것을 안다.
- 행동하는 믿음이 수반하는 5P('P'로 시작하는 다섯 가지 믿음)를 확신한다.
- 예수 그리스도와 사랑의 관계에 기초한 성실한 생활 방식을 선택한다.
- 매일 한 가지씩 실천함으로 정직한 성품을 개발시킨다.

암송구절

"네가 진리의 말씀을 옳게 분변하며 부끄러울 것이 없는 일군으로 인정된 자로 자신을 하나님 앞에 드리기를 힘쓰라"(딤후 2:15).

하나님 나라 사역자
The Kingdom Worker

"네가 진리의 말씀을 옳게 분변하며 부끄러울 것이 없는 일군으로
인정된 자로 자신을 하나님 앞에 드리기를 힘쓰라"(딤후 2:15).

그레그(Gregg)는 자신이 방금 들은 말을 믿을 수 없다는 듯이 머릿속으로 상황을 재연하고 있었습니다. '유감입니다만 이미 결론 지어진 일입니다. 오늘 오후까지 사무실 책상을 비워주시고 회사의 자동차 열쇠를 반납하는 것도 잊지 말아 주세요.'

그레그는 새로 들어온 직장 상사의 말이 믿어지지 않았을 뿐 아니라, 그것을 무관심하게 발표하는 그의 태도에 매우 당황했습니다. 출장 일을 훌륭하게 처리하고 돌아온 지 얼마 되지 않아 발생한 일이었습니다. 그의 회사가 다른 회사로 넘어가기 전에 그는 미국에서 4명밖에 되지 않는 지역 책임자 중 한 명으로 승진했습니다. 그런 그가 이제는 해고를 당한 것입니다.

아내에게 전화하기 위해 수화기를 들면서 그는 자신에게 이와 같은 일이 일어난 원인에 대해 생각해 보았습니다. 그의 마음속에 분노가 밀려왔습니다. 가족을 먹여 살릴 길이 막막하게 느껴졌습니다.

그 당시 그레그는 내(마이크)가 섬기고 있던 교회 교인이었습니다. 그레그는 믿기 시작

한 지 얼마 되지 않아 주님을 만난 감격으로 흥분해 있던 때였습니다. 나는 그 상황 가운데서 하나님께서 시작하신 일이 무엇인지 궁금해졌습니다. 그레그가 상담하기 위해 나에게 찾아 왔을 때, 하나님께서 그가 해야 할 일을 내 마음에 확신시키셨습니다. 나는 책상 뒤쪽에 있는 책장으로 가서 헨리 블랙가비와 클로드 킹이 지은 「하나님을 경험하는 삶」을 꺼냈습니다. 해고 당하기 전에 그레그는 너무 바빠서 이 교재를 이용한 성경공부 모임에 참석하지 못했었습니다. 그러나 이제는 공부할 시간이 충분해졌습니다. 그들의 상황 가운데 계신 하나님의 뜻을 발견하기 위해 성경공부 모임에 참석할 것을 그레그 부부에게 권했습니다.

그레그가 새로운 직장을 얻는 데 거의 일 년이 걸렸습니다. 하나님께서 아내인 캐시에게 직장을 주셨지만 그 기간 동안 하나님께서 그레그의 인생 가운데 특별한 일을 하고 계셨습니다. 그는 이전에 경험해 보지 못한 방법으로 하나님의 경이로움을 경험하게 되었습니다. 그는 아내와 아이들과 의미 있는 시간을 보냈습니다. 또한 병석에 누워 계신 그의 어머니를 봉양할 수 있는 기회가 되었습니다. 하지만 가장 중요한 것은 그가 매일 하나님과 교제하는 삶을 살게 되었다는 것입니다. 그의 가족 모두에게 힘든 기간이었지만, 하나님은 그 어려운 기간을 사용하셔서 그레그를 '하나님 나라 사역자'로 빚으셨습니다.

이번 단원에서 다루게 될 내용은 하나님 나라 업무를 수행하기 위해서 반드시 필요한 두 가지 요소 중 첫 번째인 하나님 나라 사역자의 성품 개발에 관한 것입니다. 두 번째 측면인 하나님 나라 사역은 다음 6단원에서 공부하게 될 것입니다. 5단원을 공부하면서 사랑과 신용 그리고 성실이 서로 어떻게 연관되는지 살펴보고, 이러한 성품이 하나님 나라 계획에 따라 사는 사람을 특징 짓는 성품들이 되는 방법을 알아보십시오.

제1과

최고의 동기를 발견함

Finding the Best Motivation

"그리스도의 사랑이 우리를 강권하시는도다"(고후 5:14).

회사 구내 식당을 빠져 나오는 로버트(Robert)는 머리끝까지 화가 나 있었습니다. "존의 월급을 그렇게 인상시켜 주다니……. 너무하는군! 일 잘하기로 치면 내가 존보다 훨씬 나은 데도 말이야." 로버트의 머리는 원인을 분석하느라 바쁘게 돌아갔습니다. "내가 받은 월급은 인상된 존의 월급의 반밖에 되지 않아. 존은 정말 아첨꾼이야! 상사에게 아부하는 꼴이란! 이건 불공평해."

얼마 전까지만 해도 로버트는 최고의 전성기를 누렸습니다. 최고의 업무 평가를 받았던 그는 기대보다 훨씬 많은 액수의 월급이 인상되기도 했습니다. 너무나 신이 난 그는 자축하는 의미에서 아내와 함께 그들이 가장 좋아하는 식당에 가서 저녁 식사를 하기도 했습니다. 하지만 지금 그는 마치 하늘이 무너지는 것 같은 기분입니다. 그는 조용히 기도하기 시작했습니다. "주님, 제가 화를 내거나 질투하지 않게 해 주세요. 주님의 눈으로 이 상황을 바라볼 수 있도록 도와 주세요. 주님의 계획에서 초점이 흐려지지 않길 원합니다."

세상 동기의 특성

로버트가 느낀 좌절감은, 그가 세상 동기로 유발된 결과였습니다. 이 세상의 보상 체계는 하나님과 상관없이 우리의 욕구(생물학적 욕구, 안전, 사랑, 존중, 자아실현의 욕구)를 채우려는 태도에 바탕을 두고 있습니다. 세상 동기의 네 가지 특성을 살펴보겠습니다.

세상적 동기는 연약하고 일시적이며 신뢰할 수 없는 것이다 세상적 동기는 사람들의 변덕과 환경에 기초합니다. 예수님은 주일에는 자신을 왕으로 칭송하던 무리가 금요일에는 '그를 못박으라' 고 외쳐댄, 변하기 쉬운 너무나 연약한사람들임을 아셨습니다. 봉급과 의기양양함, 지위 따위는 오늘 있다가도 내일 사라질 수 있는 것들입니다.

세상적 동기는 항상 자기 중심적이다 세상적 동기의 궁극적인 목표는 자기 만족입니다. 예를 들어 승진을 하나님께서 부여하신 새로운 임무나 다른 사람들을 섬길 수 있는 기회로 생각하기보다는 회사에서 권력을 얻는 길이라고 생각하는 것입니다.

세상적 동기는 인간의 본성이 통치한다 우리는 안정과 존중의 욕구를 가지고 있기 때문에 물질적인 부를 보장하는 직업에 매력을 갖습니다. 같은 맥락에서 우리는 하나님께 순종하는 마음을 갖기보다는 사람들에게 사랑 받고 소속감을 갖기 위해 사람들의 마음을 사려고 노력합니다.

세상적 동기는 우리를 하나님께로 이끌지 않는다 세상적 동기는 우리를 하나님과 분리시키는 경향을 갖고 있습니다. 우리는 자신의 능력과 교육 또는 관계성에 의존하여 하나님의 공급하심을 바라보지 않는 실수를 범합니다.

♣ 세상의 동기에 해당되는 항목 앞에 표시하십시오.

_____ 지배	_____ 더 많은 수입	_____ 승진
_____ 그리스도의 사랑	_____ 상품	_____ 보상
_____ 권력	_____ 인정	_____ 애타심
_____ 회사 차	_____ 하나님께 대한 사랑	_____ 명성

하나님 나라 동기의 특성

하나님 나라의 동기 유발 요인은 매우 간단합니다. 그것은 우리가 예수 그리스도와 맺은 사랑의 관계성입니다. "우리가 사랑함은 그가 먼저 우리를 사랑하셨음이라"(요일 4:19).

예수님께서 하늘의 권세와 부를 뒤로 하시고 낮은 종의 위치로 세상에 오신 것은 우리를 향한 예수님의 사랑에서 비롯된 것입니다. 예수님은 십자가에서 모욕을 당하시고 채찍으로 맞으셨으며 못박혀 조롱 당하고 죽기까지 고난을 당하셨습니다. 그것은 아버지이신 하나님께서 그에게 맡기신 일이었습니다. 예수님은 지상에서 그것에 대한 물질적인 보상이나 보너스를 받지 않으셨습니다.

예수님이 십자가에서 죽으신 이유가 무엇입니까? 그분은 그 모든 고난에서 벗어날 수 있는 능력을 가지고 있었습니다. 하지만 예수님은 최고의 동기에 의해 아버지의 뜻에 순종하는 길을 택했습니다. 그것은 사랑입니다. 예수 그리스도의 동기를 유발시키는 요인은 하나님 아버지와 우리를 향한 사랑이었습니다. 하나님 나라의 사역자인 우리들 역시 그분에 대한 사랑에 의해 동기가 유발됩니다.

♣ 하나님 나라의 사역자가 사랑하는 이유는 ______________________ 때문이다.

세상적 동기는 하나님 나라 동기와 극명한 대조를 이룬다.

세상적 동기의 네 가지 특징은 하나님 나라의 동기 요인인 사랑과 극명한 대조를 이룹니다.

하나님 나라의 동기는 견고하며 신뢰할 만하다 우리가 사랑에 의해 동기화 될 때 우리는 환경에 좌절하지 않습니다. 쉽게 변하는 인간 본성이 우리를 막지 못합니다. 믿음의 바위 위에 집을 짓는 것과 같습니다(마 16:18).

하나님 나라의 동기는 하나님 중심적이다 예수님께서 말씀하시기를 누구든지 자신의 목숨을 구원코자하면 주님을 위해서 자기 목숨을 잃어야 한다고 하십니다(마 16:25). 자애(自愛)를 통해 세상의 물질을 얻을 수는 있을지 모르나 우리의 영혼은 잃게 됩니다.

하나님 나라 동기는 우리 안의 거룩한 속성에 의해 강화된다 우리 안에는 강한 인간적인 본성이 자리하고 있습니다. 그럼에도 불구하고 그리스도 안에서 우리는 그러한 유혹에 미혹되지 않을 수 있습니다. 우리는 죄의 통치에서 자유로울 수 있고, 우리에게는 하나님을 기쁘시게 하는 삶을 살 수 있는 능력이 주어집니다(골 1:13-14).

하나님 나라 동기는 우리를 하나님께로 더욱 가까이 인도한다 하나님의 권위 아래로 삶을 재조정할 때 우리는 하나님의 존재와 능력을 더욱 깨닫게 됩니다. 그리고 하나님의 영광을 위해 최선을 다해서 일을 하게 됩니다(골 3:17).

♣ 아래 표의 우측 칸을 채우십시오.

세상 동기의 특성	하나님 나라 동기의 특성
연약하며 신뢰할 수 없다.	______________
자기 중심적이다.	______________
인간 본성이 지배한다.	______________
우리를 하나님과 분리시킨다.	______________

가장 큰 계명

예수님께서 "네 마음을 다하고 목숨을 다하고 뜻을 다하여 주 너의 하나님을 사랑하라"(마 22:37)는 계명이 가장 큰 계명이라고 가르치셨습니다. 하나님을 향한 우리의 사랑을 어떻게 표현할 수 있습니까? 그것은 고민하지 않아도 되는 문제입니다. 예수님은 우리가 할 일을 명백히 말씀하셨습니다. "너희가 나를 사랑하면 나의 계명을 지키리라"(요 14:15)는 것입니다.

그 사랑의 표현은 당신이 일터에서 하나님을 주님으로 모시고 순종하려는 결단으로부터 시작됩니다. 하나님을 향한 우리의 사랑은 가장 믿을 만하며 동기를 끊임없이 유발시키는 것으로써, 우리로 하여금 공평하고 정직하며 궁극적으로는 구원으로 이끄는 결정을 내리도록 인도합니다. 일을 하되 주님께 하듯 함으로써 우리는 하나님의 존재와 능력을 깨닫게 되며 우리의 일터에 함께 하시는 하나님을 경험할 수 있습니다.

♣ 로마서 12:9-21을 읽으십시오. 하나님 나라를 사랑하는 사역자의 성품을 묘사한 단어들을 읽고, 각각에 대한 당신의 성숙도를 1부터 5까지의 숫자로 나타내십시오('1' 이 가장 낮은 단계이며 숫자가 커질수록 높은 성숙도를 나타냅니다).

_____ 헌신	_____ 겸손	_____ 기쁨
_____ 화평	_____ 인내	_____ 공정

기도 전략 직장 동료들과의 관계 가운데 당신이 불순종한 것이 있으면 하나님께 자백하십시오. 우리를 사랑하시는 하나님의 존재에 감사드리십시오. 오늘 당신의 일터에서 하나님께 순종할 것을 결단하십시오.

♣ 예수님께서 어떤 방법으로 우리가 하나님을 향한 사랑을 표현할 수 있다고 말씀하셨습니까?

____

____

____

____

제2과

행하는 믿음의 성숙

Developing a Working Faith

앤(Ann)은 소규모 제조 공장의 감독으로 근무했습니다. 하루는 인사 과장이 그녀를 불러서 애디(Eddy)를 해고하라는 명령을 내렸습니다. 회사는 허리 건강이 좋지 않은 애디를 늘 부담으로 느끼고 있었고, 게다가 그는 노동조합의 지지자였습니다. 에디는 동료들 사이에서 인정받는 훌륭한 노동자였습니다.

앤은 자신의 위치를 유지하기 위해서는 애디를 해고할 만한 구실을 모색해야 한다는 사실을 알고 있었습니다. 하고 싶은 일은 아니었지만 애디를 해고하는 것이 여러모로 좋다는 결론을 내렸습니다. 개인적인 감정만 묻어두면 가능한 일이었습니다.

앤의 경우와 같이 우리는 사람의 생각을 의지하여 하나님의 일을 제한하는 경향이 다분합니다. 하나님 나라의 사역자는 하나님의 일과 하나님의 방법을 날마다 신뢰하는 사람입니다. 하나님 나라 사역자는 하나님을 믿는 믿음에 기초하여 어떤 결정을 내리고 그 결과를 하나님께 맡깁니다.

"너는 마음을 다하여 여호와를 의뢰하고 네 명철을 의지하지 말라 너는 범사에 그를 인정하라 그리하면 네 길을 지도하시리라" (잠 3:5-6).

성장하는 믿음

예수님을 더욱 친밀하게 알아감에 따라 제자들의 믿음은 증가했습니다. 그들이 매일 예수님과 나눈 교제는 마치 옥토 위에 심기워진 믿음의 씨앗이, 물을 흡수하고 영양분을 받아 성숙해 가는 것과 같습니다. 이와 마찬가지로 우리가 하나님을 알면 알수록 행동을 수반하는 우리의 믿음은 더욱 성장해 가게 됩니다. 아래의 공식은 행하는 믿음을 나타내는 것입니다. 이 공식을 제자들의 삶을 예로 들어 시험해 보겠습니다.

지식 + **믿음** = **순종**

상황 1

제자들이 예수님을 처음으로 경험한 사건과 그 후의 사건을 비교해 보겠습니다. 제자들의 믿음에 어떤 변화가 있었는지 살펴보십시오.

> "배에 오르시매 제자들이 좇았더니 바다에 큰 놀이 일어나 물결이 배에 덮이게 되었으되 예수는 주무시는지라 그 제자들이 나아와 깨우며 가로되 주여 구원하소서 우리가 죽겠나이다 예수께서 이르시되 어찌하여 무서워하느냐 믿음이 적은 자들아 하시고 곧 일어나사 바람과 바다를 꾸짖으신대 아주 잔잔하게 되거늘 그 사람들이 기이히 여겨 가로되 이 어떠한 사람이기에 바람과 바다도 순종하는고 하더라" (마 8:23-27).

♣ 다음 중 마태복음 8:23-27에 나타나 있는 제자들의 믿음을 묘사하는 표현에 동그라미 치십시오.

- 환경에 대한 두려움
- 예수님을 믿음
- 예수님이 누구인지 깨닫지 못함
- 예수님께 순종함
- 불평함
- 예수님이 어떤 분이신지 앎

상황 2

이제 제자들이 지상에서 예수님과 함께 가진 교제의 시간이 거의 막바지에 다다를 즈음에 제자들의 믿음을 보여주는 한 사건을 읽어보겠습니다.

"저희가 예루살렘에 가까이 와서 감람산 벳바게에 이르렀을 때에 예수께서 두 제자를 보내시며 이르시되 너희 맞은편 마을로 가라 곧 매인 나귀와 나귀 새끼가 함께 있는 것을 보리니 풀어 내게로 끌고 오너라 만일 누가 무슨 말을 하거든 주가 쓰시겠다 하라 그리하면 즉시 보내리라 하시니… 제자들이 가서 예수의 명하신 대로 하여"(마 21:1-3, 6).

♣ 마태복음 21:1-3, 6 상황에서 제자들의 믿음을 적절하게 묘사한 표현에 동그라미 치십시오.

- 환경에 대한 두려움
- 예수님께 순종함
- 예수님을 믿음
- 불평함
- 예수님이 누구인지 깨닫지 못함
- 예수님이 어떤 분이신지 앎

상황 1과 상황 2를 비교할 때에 제자들의 믿음의 현저한 차이를 볼 수 있습니까? 첫 번째 상황에서 제자들은 절망적인 환경처럼 보이는 상황에 당황했다는 사실에 주목하십시오. 그들은 배에 함께 타고 계신 분이 누구인지 알지 못했습니다. 그들의 한계는 인간의 능력 이상을 볼 수 있는 눈이 없었다는 것입니다. 예수님이 신성한 능력을 소유하신 분이었는데도 말입니다.

두 번째 상황에서 제자들은 예수님께 반문하지도, 의심하는 듯한 말을 꺼내지도 않았습니다. 그들은 단지 예수님의 말씀을 믿고 순종했을 뿐입니다. 그들은 예수님 말씀의 권위에 의지하여 그대로 행했습니다. 제자들은 예수님을 더 잘 알았을 뿐 아니라 예수님이 누구인지를 깨달은 것입니다.

제자들은 예수님을 더 잘 알았을 뿐 아니라 예수님이 누구인지를 깨달은 것이다.

행하는 믿음

하나님께 대한 우리의 믿음은 우리의 삶 가운데 일하시는 하나님을 볼 수 있는 능력을 좌우합니다. 우리는 일터의 환경에 대해 첫 번째 상황에 처한 제자들과 같은 시각을 갖는 경우가 있습니다. 뿐만 아니라, 인간의 능력에 의존하여 그 해결 방법을 제한시키기도 합니다.

예수님을 더욱 알아가면 그분에 대한 우리의 신뢰가 깊어지게 되고, 우리의 믿음은 하나님의 진리의 말씀과 그것을 순종하는 삶을 통해 더욱 자라나게 됩니다. 지식에 믿음을 더하면 순종입니다. 하나님께서 하시는 일을 목격하기 위해 '믿음의 눈'으로 보십시오.

♣ 본 과의 앞부분에서 공부한 공식을 기술하십시오.

__________ + __________ = __________

♣ 그리스도를 아는 지식과 의지하는 믿음이 절망적인 상황 중에서도 어떻게 순종을 가능하게 하는지 예를 들어보십시오. 그리고 그것을 적으십시오.

기도 전략

당신의 삶에 함께 하시는 놀라운 하나님의 존재에 감사하십시오. 하나님을 더욱 알아가기 원하는 당신의 마음을 고백하십시오. 당신이 직장에서 어려운 문제에 봉착해 있다면 하나님께 도와 달라고 부탁하십시오. '바람과 바다도 순종한다'는 사실을 기억하고 당신 인생의 폭풍우를 잠잠케 하는 하나님의 약속을 주장하십시오.

성경공부 모임에서 당신의 믿음에 대한 간증을 다른 사람들과 나누십시오. 그리고 하나님께서 기회를 주신다면 그것을 믿지 않는 친구나 직장 동료들과도 나누십시오.

제3과

행하는 믿음의 실행

A working Faith in Action

"믿음으로 하는 수밖에 없어!"라고 피트의 친구가 말했습니다. 피트는 새로운 사업을 구상하고 있었습니다. 하나님의 인도하심이라는 마음이 들었지만, 그것은 경제적인 모험을 요구하는 것이었습니다. 다달이 지출해야 하는 대출 상환금, 자동차 할부금, 의료비 청구서, 각종 세금 등으로 그의 예산은 언제나 빠듯했습니다. '계획만 제대로 세운다면 모든 일을 완벽하게 처리할 수 있을 텐데' 라는 생각이 들었습니다.

"믿음이 없이는 기쁘시게 못하나니 하나님께 나아가는 자는 반드시 그가 계신 것과 또한 그가 자기를 찾는 자들에게 상 주시는 이심을 믿어야 할찌니라"(히 11:6).

많은 사람들이 피트처럼 '믿음으로' 일을 추진하는 것을 힘들어 합니다. 사람들은 모든 일이 사전에 계획된 상태에서 시작되기를 원합니다. 우리는 물질적인 성공과 부의 축적이라는 덫에 걸려 있습니다. 우리는 소유물이라고 여기는 것들의 노예가 되어 있습니다. 결국 물질을 소유하고 유지하기 위해서 우리 자신의 능력을 의지합니다.

사람은 무엇인가를 신뢰하며 살아갑니다. 우리의 인간 본성은 그 믿음의 대상을 잘못 선택합니다. 유일하신 하나님의 아들, 예수 그리스도만 믿어야 하는데 말입니다. 행하는 믿음의 5P를 신뢰하십시오. 여기서 5P란, 우리의 삶 가운데 함께 하시는 하나님의 존재(God' s Presence), 목적(Purpose), 보호(Protection), 우선 순위(Priorities) 그리고 공급(Provision)의 다섯 영어 단어의 첫자 'P' 를 일컫는 용어입니다. 하나님의 일에 순종으로 동역할 때 우리는 일터를 회복하시는 하나님의 일에 동참하게 됩니다.

하나님의 현존(Presence)를 신뢰함

당신의 직장에 하나님이 함께 계시다는 사실을 믿으십니까? 하나님은 그곳에 계십니다. 예수님은 "내가 너희와 항상 함께 있으리라"고 약속하셨습니다(마 28:20). 바리새인들은 하나님 나라 도래에 관해 예수님을 시험하는 질문을 했습니다. 예수님는 그 질문에 대해서 다음과 같이 대답하셨습니다. "하나님의 나라는 볼 수 있게 임하는 것이 아니요 또 여기 있다 저기 있다고도 못하리니 하나님의 나라는 너희 안에 있느니라"(눅 17:20-21). 우리가 '거듭날' 때 하나님의 성령이 우리 안에 거주하십니다. 하나님의 존재를 믿으십시오.

♣ 일터에 하나님이 함께 계시지 않다고 느끼는 상황이 있다면 어떤 경우에 그렇습니까?

____

____

♣ 반대로 하나님의 존재를 느낄 때는 언제입니까?

____

____

하나님의 목적(Purpose)을 신뢰함

우리는 하나님 나라의 사역자로서 하나님께서 우리의 인생을 분명한 목적 가운데 지으셨다는 사실을 믿어야 합니다. 빌립보서 2:13에서 바울은, "너희 안에서 행하시는 이는 하나님이시니 자기의 기쁘신 뜻을 위하여 너희로 소원을 두고 행하게 하시나니"라고 했습니다.

단기 선교사로 헌신했던 온 한 자매가 내게 한 말을 기억합니다. "고국에서는 하나님에 관한 얘기를 꺼내는 것조차 어렵게 느껴졌었는데, 이 곳 베네수엘라에서는 다른 사람에게 저의 믿음을 나누는 것이 어렵지 않은 이유는 무엇일까요?" 그 자매와 같은 선교팀에 소속되어 있던 한 사람이 대답했습니다. "그건 우리가 그리스도를 전하기 위한 유일한 목적을 가지고 이곳에 왔기 때문이죠." 그후 고국으로 돌아간 자매는 두 달 동안 친구와 직장동료 18명을 하나님께로 인도했습니다. 우리에게는 한 가지 목적밖에 없습니다. 바로 하나님의 목적입니다. 하나님의 목적을 신뢰해야 합니다.

♣ 하나님께서 목적 가운데 당신을 현재의 직장에 두셨다고 믿으십니까? 만일 그렇다면 그 내용을 써 보십시오. 아직 그것에 대한 확신이 없다면 하나님의 목적을 보여달라는 내용의 기도문을 작성해 보십시오.

____

____

____

____

하나님의 보호(Protection)를 신뢰함

"여호와는 나의 목자시니"로 시작되는 다윗의 시편 23편을 기억하십니까? 이 시에서 다윗은 하나님의 보호에 대한 믿음을 표현했습니다. 목자는 늑대와 깊은 골짜기와 같은 위험으로부터 양을 보호하며 주의깊게 돌봤습니다.

이와 같이 하나님은 당신의 인생을 둘러싼 악으로부터 당신을 지키십니다. 계속해서 다윗은, "해를 두려워하지 않을 것은 주께서 나와 함께 하심이라"고 고백합니다. 하나님께서 항상 우리와 함께 하신다는 지식보다 더 위대한 확신은 없습니다.

우리는 종종 일터에서 어려운 결정을 내려야하는 순간에 부딪히게 됩니다. 그릇된 행위에 맞서야 하는 경우도 있고, 부정직하고 부도덕적이며 비윤리적인 업무를 거절하는 결정의 상황에 놓일 수도 있습니다. 예수님은 예수님을 좇는 삶에 핍박이 따를 수 있다고 경고하셨습니다. "사람들이 나를 핍박하였은즉 너희도 핍박할 터이요"(요 15:20). 하나님은 우리의 성품을 빚으시기 위해 우리에게 고난을 허

예수님을 좇는 삶에 핍박이 따를 수 있다.

락하기도 하십니다. 그럴 때에라도 우리는 성급한 결정으로 하나님을 시험하는 어리석음을 범하지 말아야 합니다. 어려움이 닥쳐올 때 주님께 물으십시오. "이 시험을 통해 제가 배우야 할 것이 무엇입니까?" 라고 말입니다. 직장에서의 고난과, 더 나아가서는 실직에 대한 염려조차 우리가 하나님께 불순종하는 핑계거리가 될 수 없습니다. 하나님은 우리의 요새와 구원자 되십니다.

♣ 당신은 직장에서 옳은 일을 하여 핍박받은 경험이 있습니까?

☐ 예　　　　☐ 아니오

만일 그런 경험이 있다면 더욱 그렇게 할 수 있는 힘을 달라고 구하십시오. 전 세계에서 믿음을 지키기 위해 고통 당하고 있는 그리스도인들을 위해 기도하십시오.

하나님의 우선순위(Priorities)를 신뢰함

우리가 하는 모든 선택은 우리의 우선순위에 의해 결정됩니다. 예수님은, "너희는 먼저 그의 나라와 그의 의를 구하라"(마 6:33)고 말씀하십니다.

♣ 당신의 직장 생활에 영향을 미치는 순서대로 번호를 매기십시오. 가능한 최대한으로 정직하게 답하십시오.

_____ 동료의 의견　　_____ 상사의 기대
_____ 가족의 필요　　_____ 일에 대한 개인적인 목표
_____ 안정된 직장　　_____ 하나님과 관계

대부분의 사람들에게 있어서 하나님과의 관계는 2-3위 밖에 밀려나 있을 것입니다. 하지만 직장에서 하나님의 절대주권을 진정으로 인정한다면, 우리의 최우선 순위는 하나님과의 관계가 될 것입니다. 직장 생활에서 우선 순위를 정하는 방법과 그것이 초래할 결과 모두 하나님께 맡겨 드리는 태도를 취해야 합니다.

하나님의 공급(Provision)을 신뢰함

리키(Ricky)는 자신의 삶에 대해 만족했습니다. 그는 매우 건강한 젊은이였습니다. 여느 때와 다름없이 근무를 하던 리키는 2층 건물의 창문에서 떨어져 머리부터 콘크리트 바닥에 부딪히는 사고를 당했습니다. 그는 꼼짝할 수 없었습니다. 후에 나온 진단에서 그의 5번 척추가 심하게 부상당했다는 사실을 알게 되었습니다. 리키의 인생은 몇 초 동안 일어난 사건으로 인해 극적으로 변했습니다. 그는 더 이상 일을 할 수 없게 되었습니다. 이제 그의 가족들을 어떻게 부양할 수 있을지 막막하게만 느껴졌습니다.

하나님은 리키가 건강하게 일할 수 있었을 때와 마찬가지로 지금도 동일하게 공급하십니다. 현재까지 하나님은 리키의 아내와 자녀, 친척, 친구들, 국가 복지 그리고 교회를 통해 그 가족의 필요를 공급하셨습니다. 여러 가지 다양한 방법으로 신실하게 공급하고 계십니다.

어떤 면에서는 오히려 전보다 더 풍요로운 삶을 살고 있다고 볼 수 있습니다. 그는 하나님을 이전보다 더 의지하는 깊은 관계성으로 들어가게 되었습니다. 또한 하나님의 공급하심을 경험하며 더욱 감사하는 삶을 살게 되었습니다. 현대 사회는 개인의 능력을 지나치게 중요시하여 진정한 공급자를 잊고 살아가는 경향이 있습니다. 하나님 나라 사역자는 하나님과 동역하며 그분의 공급하심만을 의지합니다.

♣ 행하는 믿음의 특징인 5P를 쓰십시오. 필요한 경우에는 3과에서 복습하십시오.

____

____

____

____

____

기도 전략 당신 삶에 함께 계시는 하나님의 존재를 깨달을 수 있도록 기도하십시오. 당신의 우선순위를 재정립하고 하나님의 목적을 위해 당신을 사용해 달라고 요청하십시오. 당신을 보호하시고 당신의 필요를 공급하시는 하나님께 감사드리십시오. 왕이신 하나님을 찬양하십시오.

제4과

정직한 성품

A Reputation for Integrity

"범사에 네 자신으로 선한 일의 본을 보여"(딛 2:7).

사론(Sharon)은 경쟁적인 분위기 속에서 자라왔습니다. 아버지와 두 명인 오빠들은 모두 의사입니다. 그녀의 어머니는 변호사로 일합니다. 샤론은 늘 그들의 기대에 부합해야 한다는 부담감을 안고 살아왔습니다.

간호사인 그녀는 최근에 병원의 규율을 크게 어기는 실수를 범했습니다. 그녀는 그 일에 대해서 상사에게 거짓말을 했습니다. 그것은 병원에서 해고당하게 되는 것에 대한 두려움과 병원 이사인 아버지의 명예를 실추시킬 것에 대한 우려에서 나온 행동이었습니다. 샤론의 거짓말은 들통나지 않았고, 결국 일의 책임은 다른 간호사에게 돌아가서 그 간호사가 해고당했습니다.

자신의 잘못으로 다른 사람이 대신 직장을 잃게 된 것에 대해 샤론은 죄책감을 느꼈습니다. 하지만 부모님이 자신의 실수를 알게 되는 것은 더더욱 용납할 수 없는 것이었습니다. 그녀는 마음속으로 자신의 행동을 정당화시켰습니다. 가족의 좋은 이미지를 지켰다는 것이었습니다.

세상 관점에서의 정직함은 타인에게 좋은 인상을 유지하는 것입니다. 하지만 사람의 인상은 직장에서 겪는 매일의 압박과 긴장감 가운데서 사라지게 됩니다. 하나님의 말씀은 다음과 같이 우리에게 가르칩니다. “어떤 길은 사람의 보기에 바르나 필경은 사망의 길이니라(잠 14:12).

진정한 정직은 하나님의 성품을 지니는 것에서 비롯됩니다. 정직을 의미하는 영어 단어 “integrity”는 라틴어 “integritas”에서 파생된 단어인데, 이것은 완전함 또는 온전함을 뜻합니다. 수학에서 정수를 “integers”라고 부릅니다. 정직이란, 생각과 언행에 일관성을 띠도록 하는 전인격적인 활동입니다.

정직한 성품을 개발하는 법

어려운 상황이 닥치면 사람들은 누구나 옳은 것에서 벗어나 타협하려는 경향이 있습니다. 우리는 완전하지 않은 세상에 속해 있습니다. 인간들의 상태에 대해 사도 바울은 다음과 같이 언급했습니다. “내가 원하는 바 선은 하지 아니하고 도리어 원치 아니하는 바 악은 행하는도다”(롬 7:19). 인생을 살아가는 가운데 중요한 결정을 할 수 있는 능력은 오직 예수 그리스도로부터 말미암습니다. 정직한 성품은 그분과의 바른 관계성에서 비롯됩니다.

정직한 성품은 그분과의 바른 관계성에서 비롯된다.

♣ 다음은 정직성에 대한 자가 진단을 위한 질문들입니다. 당신의 대답에 동그라미 치십시오.

예 아니오 당신은 자신의 명예를 지키기 위해 다른 사람을 희생시키고자 하는 유혹을 거절할 수 있습니까?

예 아니오 당신은 판매량을 증가시키기 위해 상품을 과장 광고하려는 유혹을 뿌리칠 수 있습니까?

예 아니오 당신의 노동에 비해 보수가 적다고 느낄 때 회사의 공금에서 부족한 액수를 충당하려는 유혹을 이길 수 있습니까?

예 아니오 회사에서 다른 사람을 험담하는 동료들의 대화에 끼고 싶은 충동을 억누를 수 있습니까?

예 아니오 어떤 문제에 휘말리지 않기 위하여 거짓말하려는 유혹에서 벗어날 수 있습니까?

예 아니오 컴퓨터 프로그램을 불법으로 복사할 수 있는 기회를 거절할 수 있습니까?

예 아니오 건강상의 이유가 아닌 다른 목적으로 휴가를 내려고 하지만 병을 핑계로 삼으려는 유혹을 삼갈 수 있습니까?

예 아니오 당신에게 더 이상 이익이 되지 않는 일이라고 할지라도 당신이 한 약속을 이행할 수 있습니까?

정직한 성품을 유지하는 법

"나의 하나님이여 주께서 마음을 감찰하시고 정직을 기뻐하시는 줄 내가 아나이다"(대상 29:17). 이것은 인생의 황혼기를 맞은 다윗 왕의 고백입니다. 하나님의 마음에 합한 다윗은 정직한 성품이 하나님과 사랑의 관계성에서 비롯된다는 사실을 알았습니다.

♣ 시편 15편을 읽고 묵상하십시오. 본문에서 정직의 특성을 찾아 열거하십시오.

____

____

____

____

우리는 삶의 모든 영역에서 그리스도의 주권을 인정해야 한다.

이 시의 결론을 주목하십시오. "이런 일을 행하는 자는 영영히 요동치 아니하리이다"(시 15:5). 정직한 성품이 우리 안에 온전해지기 위해서 우리는 삶의 모든 영역에서 그리스도의 주권을 인정해야 합니다. 하나님은 그리스도 안에 뿌리를 박고 그 안에서 행하는 사람들의 믿음을 굳게 해 주시겠다고 약속하셨습니다(골 2:6-7 참조).

하나님 나라의 방법인 항목 앞에는 '하' 자를, 세상의 방법인 것 앞에는 '세' 자를 써 넣으십시오.

_____ 책임을 진다.

_____ 자신에게 이익이 되는 말이면 무엇이든지 한다.

_____ 다른 사람들과 화목한다.
_____ 자신을 통해 하나님의 형상이 드러나도록 한다.
_____ 고소하는 것으로 복수한다.
_____ 인정받기 위해 노력한다.
_____ 하나님께 영광을 돌린다.
_____ 사람들에게 자신에 대한 좋은 인상을 심어준다.
_____ 사랑으로 진실을 말해 준다.
_____ 나에게 이익이 되는 약속만을 지킨다.

♣ 사랑과 믿음과 정직의 관계를 당신 자신의 말로 설명하십시오.

____

____

하나님 나라 사역자의 삶은 예수 그리스도와 갖는 사랑의 관계성에서 시작됩니다. 그 사랑의 관계성은 믿음을 가지고 행함으로 성장하며 정직한 생활방식으로 나타납니다.

불행히도 사람들은 자기 자신을 객관적으로 바라볼 수 있는 능력이 없습니다. 그렇기 때문에 우리는 그리스도 안에서 사랑하는 사람들의 의견에 귀를 기울여야 합니다. 다른 그리스도인들과 상호의존적인 관계성을 형성함으로 우리의 마음은 겸손해지며 우리는 은혜 가운데 성장하게 됩니다.

♣ 당신은 정규적인 기도 생활과 성경공부를 통해 그리스도와 개인적인 사랑의 관계를 맺고 있습니까?

☐ 예　　☐ 아니오

♣ 그리스도인의 삶을 살아가는 당신의 생활에 대해 의견을 제시해 주며 서로 책임지는 관계성을 맺고 있는 사람이 있습니까?

☐ 예　　☐ 아니오

직장에서 당신에게 피드백을 줄 수 있는 그룹을 조직하는 방법에 대해 6단원에서 배우게 될 것입니다. 당신의 직장에서 어떻게 다른 그리스도인들과 격려를 주고받을 수 있을지 지금부터 생각해 보십시오.

기도 전략

당신이 직장 생활 가운데 하나님의 주권을 인정하지 않은 영역이 있다면, 그것을 보여주시도록 기도하십시오. 모든 영역에서 하나님의 뜻에 순종하기 원하는 마음을 고백하십시오. 당신이 진정한 정직성을 지니고 일할 수 있도록 하나님의 도움을 요청하십시오.

제5과

점차적으로 형성되는 정직성

Building Integrity One Thought at a Time!

"너희는 이 세대를 본받지 말고 오직 마음을 새롭게 함으로 변화를 받아 하나님의 선하시고 기뻐하시고 온전하신 뜻이 무엇인지 분별하도록 하라" (롬 12:2).

젊고 총명한 교육자인 밥(Bob)은 빠른 출세길을 걸어 왔습니다. 그는 미국에서 가장 규모가 큰 고등학교 중 하나에 속하는 학교의 교장으로 일하고 있었습니다. 그는 아내와 두 딸들과 함께 교회에 정규적으로 출석했습니다.

그와 학교 선생과의 스캔들은 그 마을 전체에 큰 파문을 일으켰습니다. 몇몇 철부지 학생들은 멋있다고 생각하기도 했습니다. 하지만 밥은 자신의 이기적인 행동이 불러온 결과를 알았습니다. 그의 행동은 그의 아내와 아이들, 학생들, 사건에 연루된 여선생과 그의 동료들, 친구들과 그의 교회 그리고 사회에 상처를 입혔습니다. 그는 자신의 죄의 중함을 깨닫게 되었고 그의 마음은 후회로 가득했습니다.

이러한 경우에 대부분 그렇듯이, 밥의 문제는 훨씬 전부터 시작되었습니다. 그가 열한 살이었을 때 한 친척의 영향으로 포르노를 보게 되었습니다. 청소년이 된 밥은 교회와 기독교 단체의 활동에도 적극적으로 참여했지만, 여전히 포르노를 즐겼습니다. 대학에 다닐 때에는 여러 사람과 무분별한 성관계를 갖기 시작했습니다. 이러한 생활은 결혼한 후에도 아내 몰래 계속되었습니다. 밥의 인생은 불성실함으로 얼룩졌습니다.

밥의 행동양식은 어느 날 갑자기 시작된 것이 아닙니다. 그것은 여러 해에 걸쳐 점차적으로 형성되었습니다. 정직한 인격을 소유하기 위해 우리 자신의 행동 양식을 파악하는 것은 반드시 거쳐야하는 중요한 절차입니다.

행동양식을 파악하라

아래의 모형과 같은 순환과정을 거쳐서 우리의 인격은 날마다 형성되어 갑니다. 우리가 정직한 성품을 형성하도록 돕는 혹은 방해하는 우리의 행동양식이 무엇인지 깨닫는 데 도움이 될 것입니다.

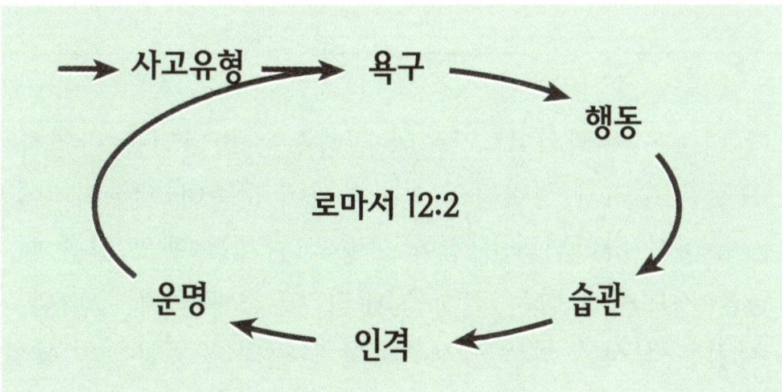

♣ 위의 모형을 토대로 밥의 경험을 분석하십시오. 당신의 답을 염두에 두고 다음의 설명을 계속 읽으십시오.

습관적으로 보기 시작한 포르노 사진은 밥의 사고유형에 영향을 미쳤습니다. 생각은 특정한 욕구를 강화시켰고 그것은 다시 그의 행동에 영향력을 행사했습니다. 반복적인 행동은 습관을 만들어냈습니다. 그리고 그 습관들은 궁극적으로 그의 인격을 형성시켰습니다. 마지막으로, 습득된 인격은 그의 운명을 좌우하게 되었습니다. 일평생 동안 이러한 행동양식의 순환 과정을 거치면서 죄악은 밥의 삶 속에 깊이 뿌리내리게 되었던 것입니다.

♣ 당신의 행동이나 습관 중에 순화가 필요한 것이 있는지 생각해 보십시오. 그것을 다음의 '행동/습관' 난 밑에 쓰십시오. 그 행동이나 습관을 하는 이유가 무엇인지 스스로 질문해 보고 그 답을 다음 항목인 '욕구/동기' 난에 기록하십시오. 욕구와 동기를 형성하는 사고유형이 무엇인지 생각해 보고 그것을 '사고유형' 난에 기입하십시오. 제시된 예를 참고하십시오.

행동/습관	욕구/동기	사고유형
'선의' 의 거짓말	곤란을 겪지 않기 위해	자신을 선하고 순수한 사람으로 나타내기 원함
____________	____________	____________
____________	____________	____________

정직한 성품은 우리의 삶 가운데 일하시는 하나님을 반영하는 것입니다. 그것은 우리가 성령님의 인도하심에 순종하려는 의지에서 비롯됩니다. 우리가 하나님과 진정한 사랑의 관계를 맺고 있을 때 우리는 하나님을 기쁘시게 하는 결정을 내리려고 노력하게 됩니다. 당신이 내린 결정은 정직한 성품을 갖추도록 당신의 행동양식을 형성합니다.

하나님의 뜻과 반대되는 결정을 지속적으로 내리게 되면, 우리는 정직성과 멀어질 수밖에 없습니다. 당신의 내면의 관심사에 따라 동일한 사고유형, 욕구, 행동, 습관, 인격 그리고 운명의 순환 과정이 전혀 다른 결과를 낳는다는 사실을 반드시 기억하십시오.

하나님을 경외하는 사고유형으로 행동양식을 전환하라

단순히 우리의 옛 습관을 버리고 행동을 바꾼다고 해서 영원한 변화를 기대할 수는 없습니다. 근본적인 변화는 오직 하나님만 가져다 줄 수 있습니다. 앞에서 살펴본 모형을 다시 보십시오. 동일한 모형으로 사람들은 죄악된 인격을 소유하게 되지만, 하나님은 그것을 사용하셔서 우리 안에 주님의 성품을 만드십니다. 형태는 같지만 본질은 전혀 다릅니다.

진정한 정직성은 점차적으로 형성된다.

근본적인 변화를 일으키는 비결은 우리의 사고유형을 하나님께서 조종하시도록 내어드리는 것입니다. 진정한 정직성은 점차적으로 형성됩니다(하나님 이외에는 보는 사람이 아무도 없는). 사생활에서 정직성이 없다면 타인이 당신을 어떤 사람으로 인식하고 있는가와 상관없이, 그는 사회생활에서도 정직한 인격이 결여되어 있는 사람입니다. 우리의 사고유형이 하나님의 통치를 받고있을 때 주님은 우리의 욕구마저도 변화시키십니다. 우리의 욕구가 변하면 자동적으로 행동도 변합니다. 하나님이 이러한 전환의 주도권을 갖고 계시며 우리는 그분께 순종하면 됩니다.

정직한 인격을 소유한 사람이 되기 위해서 우리는 하나님의 생각을 세상의 생각 위에 두어야 합니다. 우리는 기도와 말씀 그리고 다른 그리스도인들과 관계를 통해 하나님의 생각을 알게 됩니다. 우리가 시험받을 때 하나님께서 우리를 도우신다고 말씀을 통해 약속하셨습니다. 고린도전서 10:13이 그 약속입니다. 읽고 암송하십시오.

> "사람이 감당할 시험밖에는 너희에게 당한 것이 없나니 오직 하나님은 미쁘사 너희가 감당치 못할 시험당함을 허락지 아니하시고 시험당할 즈음에 또한 피할 길을 내사 너희로 능히 감당하게 하시느니라" (고전 10:13).

♣ 당신이 습득하기 원하는 경건한 행동이나 습관이 무엇입니까? 아래의 도표에 당신의 행동양식을 결정하는 욕구와 그 행동을 일으키는 생각을 쓰십시오. 예를 참고하십시오.

경건한 행동/습관	욕구	사고유형
진실성	관계성의 증진; 하나님께 순종	야고보서 1:26; 3:4-7을 읽는다. 야고보서 4:7-8을 암송한다.

당신이 소원하는 성품이나 행동에 관한 하나님의 생각이 드러나 있는 말씀을 찾아보십시오. 목록을 작성하고 기도로 매일 그것을 주장하십시오. 성경 구절을 암송하여 매일 반복하여 복습하십시오. 다음에 또 다시 시험받을 때 하던 일을 멈추고 하나님의 생각을 구하십시오.

하나님 나라 사역자의 삶을 살기 위해서는 하나님 나라의 성품을 지녀야 합니다. 당신이 근무할 때 당신의 사고체계와 욕구 그리고 행동에 대한 주권을 하나님께 내어드리십시오.

기도 전략 당신의 삶에 대한 하나님의 절대 주권을 시인하십시오. 시험 당할 때 우리를 강하게 하신다는 하나님의 약속의 말씀에 감사하십시오. 그리고 하나님 나라에서 당신이 하나님께서 원하시는 사역자가 되도록 간구하십시오.

제 6 단원

하나님 나라 사역

The Kingdom Work

단원목표

- 일터를 위한 기도전략을 세운다.
- 영혼 구원을 목표로 직장 동료들과 관계성을 형성한다.
- 직장에서 더 많은 사람들에게 복음을 전하기 위해 준비한다.
- 다른 사역자들과 함께 일하도록 계획하신 하나님의 동역 조직망을 이해한다.
- 하나님 나라 사역 계획을 실행한다.

"예수께서 나아와 일러 가라사대 하늘과 땅의 모든 권세를 내게 주셨으니 그러므로 너희는 가서 모든 족속으로 제자를 삼아 아버지와 아들과 성령의 이름으로 침례를 주고 내가 너희에게 분부한 모든 것을 가르쳐 지키게 하라 볼찌어다 내가 세상 끝날까지 너희와 항상 함께 있으리라 하시니라"(마 28:18-20).

하나님 나라 사역

The Kingdom Work

"예수께서 나아와 일러 가라사대 하늘과 땅의 모든 권세를 내게 주셨으니
그러므로 너희는 가서 모든 족속으로 제자를 삼아
아버지와 아들과 성령의 이름으로 침례를 주고
내가 너희에게 분부한 모든 것을 가르쳐 지키게 하라
볼찌어다 내가 세상 끝 날까지 너희와 항상 함께 있으리라 하시니라"
(마 28:18-20).

케이트(Kate)는 자신의 직업을 혐오합니다. 그녀는 고등학교 졸업 이후 지금까지 군청 공무원으로 근무해 왔습니다. 케이트는 자동차 등록 책임을 맡고 있기 때문에 거의 모든 군민을 일 년에 한 번씩은 반드시 상대하게 됩니다. 하지만 그녀는 매일 똑같이 반복되는 일과에 따분함을 느끼기 시작했습니다. 화를 잘 내는 상사의 비유를 맞추는 일과 점심시간 상사를 험담하는 직장 동료들의 얘기를 듣는 것에 지쳤습니다. 그럼에도 불구하고 작은 동네에서 다른 직장을 구한다는 것은 매우 어려운 일이기 때문에 사표를 낸다는 것은 엄두도 못내고 있습니다.

케이트는 교회 일에 매우 적극적입니다. 그녀는 매년 다른 주나 외국으로 가는 단기선교 여행에 참여합니다. 선교여행을 가면 다른 사람들에게 복음을 전할 수 있기 때문입니다. 그녀의 직장과 교회 활동에 대한 대화를 나누며 우리 부부는 하나님이 일터에서 어떤 일을 하고 계시다고 생각하는지 그녀의 의견을 물었습니다.

"아마도 지루하기 이를 데 없고 죄악이 만연한 곳으로 여기시겠죠!"라고 케이트는 대답했습니다. "하나님께서 저에게 이 직장을 허락하신 이유는 돈을 모아서 선교여행 가라는 목적이라고 믿어요."

케이트는 하나님께서 그녀의 직장과 그 직장에서 일하는 사람들도 돌보신다는 사실을 깨닫지 못했습니다. 만일 케이트가 자신의 일터를 하나님께서 허락하신 선교지라고 생각하고 그곳에서 하나님 나라와 그의 의를 구하는 삶을 산다면 업무에 임하는 그녀의 태도에 얼마나 큰 변화가 일어나겠습니까? 직장 동료와 고객들을 대하는 태도에도 변화가 찾아올 것입니다. 하나님께서 그녀에게 무한한 기회를 주실 것입니다.

케이트가 일터에 함께 하시는 하나님의 일에 동참한다면, 함께 일하는 많은 동료들이 하나님을 만나게 될 것입니다. 하나님은 그녀에게 주위 사람들을 위해 무엇을 기도해야 할지, 복음을 전하기 위한 관계성을 어떻게 맺을 것인지 그리고 그들을 하나님께로 인도하는 방법 등을 알려주실 것입니다. 케이트뿐만 아니라 우리 모두가 일터를 향한 하나님의 목적을 깨닫고 하나님을 신뢰한다면, 하나님 나라를 위해 얼마나 큰 일을 할 수 있을는지요.

지난 단원에서는 하나님과의 동역 관계를 반영하는 하나님 나라 사역자가 지녀야 할 성품에 대해 살펴보았습니다. 이번 단원에서 공부할 내용은 하나님 나라 계획에 있어서 실제 사역의 시작에 관한 것입니다. 기도전략을 세우고, 관계성을 형성하고, 관계를 통해 복음을 전하며 그리스도인 형제, 자매들과 교제하며 협력하는 법을 배우게 될 것입니다. 또한 하나님 나라 사역 계획을 이행하는 데 사용되어질 수 있는 유용한 정보를 제공할 것입니다. 일터에서 하나님 나라가 실현되도록 당신의 있는 모습 그대로를 드리십시오.

제1과

기도전략을 세우라

Developing a Prayer Strategy

"구하라 그러면 너희에게 주실 것이요 찾으라 그러면 찾을 것이요 문을 두드리라 그러면 너희에게 열릴 것이니 구하는 이마다 얻을 것이요 찾는 이가 찾을 것이요 두드리는 이에게 열릴 것이니라"(마 7:7-8).

벌써 두 잔 째 커피를 마시며 리타(Rita)는 성경을 펴고 안락의자에 앉아 있었습니다. 아침 시간은 눈 깜짝할 사이에 흘러가 버렸습니다. 아이들은 아직 학교에서 돌아오지 않았습니다. 막내가 유치원에서 돌아오기 전에 장을 봐야 했습니다.

기도를 시작한 리타의 마음속에 줄리의 이름이 별안간 떠올랐습니다. 하나님께서 그녀에게 다음과 같이 말씀하시는 것 같았습니다. "줄리에게 친구가 필요한데 네가 찾아가 보지 않겠니?" 하지만 리타는 재빨리 그 생각을 떨쳐버렸습니다. 초대받지 않은 집에 찾아간다는 것이 마음에 걸렸기 때문입니다.

그럼에도 불구하고 줄리에 대한 마음은 사라지지 않았습니다. 그토록 강한 확신은 이전에 느껴본 적이 없었습니다. 여전히 단순한 충동일지도 모른다는 의심을 하면서도 현관을 나오며 혼잣말로 얘기했습니다. "이런 식으로 불쑥 방문한다고 나를 이상한 사람 취급하면 어떡하지?"

줄리는 그녀를 따뜻하게 맞아주었습니다. 함께 교제한 지 두 시간 만에 리타는 과거 자신이 겪었던 심각한 질병과 자신의 신앙을 줄리와 나누었습니다. 줄리는 리타의 얘기를 유심히 듣더니 자신이 하나님을 떠나 살았음을 고백했습니다. 두 사람은 함께 기도했고, 줄리는 자신의 인생을 그리스도께 굴복했습니다.

하나님은 리타의 일터와 가정과 마을에서 일하고 계셨습니다. 리타는 하나님 나라 사역자로 살아가는 기쁨을 맛보게 되었습니다. 당신이 "나라이 임하옵시며"라는 기도를 드릴 때야 비로소 하나님이 당신의 삶에 어느 정도까지 깊숙이 관여하고 계신지 알게 될 것입니다. 최고의 승리는 당신의 기도생활 가운데 임합니다.

기도는 필수이다

기도할 때에 우리의 인간 본성은 십자가에 못박혀 죽고, 우리 삶 가운데 하나님의 절대 주권이 회복됩니다. 기도는 하나님과 우리의 전략회의 같은 것입니다. 기도를 통해 우리는 다음과 같은 변화를 경험하게 됩니다.

- 두려움대신에 믿고 의지하는 그리스도의 형상으로
- 나밖에 모르는 것대신에 다른 사람을 배려하는 그리스도의 형상으로
- 부족하고 모자라는 것대신에 풍성하고 넘치는 그리스도의 형상으로
- 외롭고 고독한 것대신에 한없이 사랑하는 그리스도의 형상으로
- 제한적이고 부분적인 지식대신에 지식과 지혜가 한이 없는 그리스도의 형상으로
- 유한하고 작은 능력에서 힘과 능력이 끝이 없는 그리스도의 형상으로
- 제한적인 시각과 깨달음에서 영감과 통찰이 영원하신 그리스도의 형상으로

기도는 우리가 하나님 나라 사역을 본격적으로 시작하기 전에 거쳐야만 하는 형식적인 과정이 아닙니다. 기도는 하나님과의 관계성입니다. 기도는 우주의 중심이신 하나님과 만남으로의 초대입니다. 하나님의 보좌 앞으로 나아갈 때에, 우리는 세상을 구원하기 위한 하나님의 사역에 맞춰 우리의 삶을 재조정할 수 있습니다.

♣ 다음 중 당신의 기도생활을 가장 잘 묘사하는 진술문을 고르십

시오. 해당되는 것이 없으면 마지막 칸에 직접 써 넣으십시오.

_____ 나는 주님과 유익한 교제 시간을 갖는다. 직장 일과 관련된 모든 염려들을 기도하는 가운데 내려놓게 된다. 하나님은 자신이 일터에서 행하고 계신 일을 내게 보여주심으로 그 일에 나를 동참하게 하신다.

_____ 기도는 기도할 시간이 있는 사람들이나 하는 것이다. 기도에 시간을 할애한다면 나는 아무 것도 성취할 수 없게 된다. 하나님은 기도보다는 행동을 원하신다.

_____ 훈련된 기도 생활을 하기 위해서 나는 열심히 노력해야 한다. 기도 응답을 자주 받지 못하는 이유를 모르겠다. 기도 시간을 늘리고 싶은 마음은 간절하지만 잘 되지 않는다.

_____ 기타 ______________________________

가장 중요한 사역 전략은 바로 기도이다.

가장 중요한 사역 전략은 바로 기도입니다. 기도를 통한 하나님과 교제가 없다면, 하나님께서 원하시는 방법으로 하나님의 존재와 능력을 발휘할 수 없습니다. 기도를 통한 하나님과 교제의 중요성을 가르쳐 주시도록 주님께 구하십시오. 제자들이 "우리에게도 가르쳐 주옵소서"(눅 11:1)라고 기도한 것처럼 기도하십시오.

♣ 하나님 나라 사역에 있어서 기도가 제일 중요한 이유가 무엇입니까? 해당되는 답을 모두 고르십시오.

_____ 하나님 나라 사역에 대한 하나님의 지시를 기도로 깨닫게 된다.

_____ 하나님께서 주시는 평안을 경험하며 내가 직면하고 있는 어려움을 극복할 수 있는 방법이 기도다. 기도하면 하나님이 나의 안식처이심을 느끼게 된다.

_____ 일터에서 일어나는 사건과 함께 일하는 사람들을 위해 기도할 때 하나님은 필요를 채우시고 해결책을 제시하시며 환경을 변화시키시는 등 나의 기도를 여러 통로로 응답하신다.

_____ 기타 ______________________________

예수님이 가르쳐 주신 기도

예수님은 제자들의 기도생활을 돕기 위해 주기도문을 가르쳐 주셨습니다. 그 기도의 각 구절은 하나님 나라 계획의 본질적인 요소를 반영하고 있습니다.

♣ 마태복음 6:9-13을 찾아 주기도문을 읽으십시오. 이어지는 문단에서 일터를 위한 기도전략을 세우는 데 있어서 당신에게 도움이 되는 핵심적인 단어나 구절에 밑줄 치십시오.

하나님의 절대주권을 인정하라

"하늘에 계신 우리 아버지여 이름이 거룩히 여김을 받으시오며." 예수님의 기도는 하나님의 절대 주권과 거룩하심으로 시작됩니다. 그 분은 우주 만물의 통치자이신 동시에 우리의 아버지이십니다. 당신의 직장에서 하나님의 이름이 '거룩히 여김'을 받으시도록 기도하십시오.

자신의 계획이 아닌 하나님의 계획을 따라 살라

"나라이 임하옵시며 뜻이 하늘에서 이룬 것같이 땅에서도 이루어지리다." 하나님은 당신이 하나님의 뜻을 알기 이전에 "예, 주님 제가 하겠습니다"라고 대답하는 태도를 원하십니다. "누가 뭐라 해도 저는 순종하겠습니다. 하나님의 뜻을 이루소서"라는 고백을 하십시오.

하나님의 공급을 의지하라

"오늘날 우리에게 일용할 양식을 주옵시고"라는 기도는, 당신이 자신을 의지하지 아니하고 하나님만 절대적으로 신뢰한다는 것을 인정하는 것입니다. 양식을 위해서뿐 아니라 당신의 매일의 필요를 아뢸 수 있습니다. 필요가 생길 때마다 이 기도를 드리십시오. 하나님께서 그 필요를 채우실 때 감사드리십시오.

"각양 좋은 은사와 온전한 선물이 다 위로부터 빛들의 아버지께로서 내려오나니 그는 변함도 없으시고 회전하는 그림자도 없으시니라"(약 1:17).

하나님의 성품을 찬양하라

"우리가 우리에게 죄지은 자를 사하여 준 것같이 우리 죄를 사하여 주옵시고." 하나님과 올바른 관계를 맺기 위해서 우리의 죄를 고백하는 것은 매우 중요한 것입니다. 사죄는 하나님의 본질적인 성품입니다. 따라서 우리가 다른 사람들을 용서할 때, 우리를 통해 하나님의 성품이 드러나게 됩니다. 당신의 마음에 원한이 있습니까? 혹 쓴 뿌리가 있지는 않습니까? 용서하지 못한 사람이 있습니까? 그렇다면 당신에게 죄 지은 자를 용서하십시오.

당신으로 하여금 복수하게 하는 세상의 계획을 꺾고 상대를 용서하는 것은 당신 안에 계신 그리스도를 명백히 드러내는 방법입니다. 어떻게 당신이 그 상대를 용서할 수 있었는지 의아해하는 사람이 있다면, 당신이 복음을 전할 수 있는 기회로 여기십시오.

하나님의 보호하심을 신뢰하라

"우리를 시험에 들게 하지 마옵시고 다만 악에서 구하옵소서." 당신은 직장에서 목표를 달성하기 위해서 또는 상사의 눈에 들기 위해 부도덕하고 비윤리적이며 비합법적인 일을 하도록 유혹받으십니까? 이와 같은 기도를 함으로 당신은 당신의 연약함을 고백하고 하나님의 도움을 구하게 됩니다. 하루를 시작함에 앞서서 순종을 결단하십시오.

하나님은 절대 주권자이십니다. 하나님은 자신의 목적을 성취하시는 분입니다. 그분은 당신을 통해 하시고자 하는 일을 위해 당신에게 힘과 능력을 부여하실 수 있습니다. 당신의 삶의 목적은 그리스도와 하나님 아버지를 영화롭게 하는 것입니다. 하나님의 뜻이 이루어지도록 기도하십시오.

♣ 당신의 일터를 위한 기도 전략을 세우십시오. 그것을 당신의 기도 노트에 기록하십시오. 다음의 핵심을 포함시키십시오.

· 하나님의 절대 주권을 인정한다.
· 당신의 계획대신 하나님의 계획을 따른다.
· 당신의 필요를 하나님의 공급에 맡긴다.
· 하나님께 죄 용서를 구할 뿐만 아니라 다른 사람을 용서한다.
· 당신이 죄를 짓지 않고 시험을 감당할 수 있도록 하나님의 보호를 구한다.
· 주님을 찬양하고 하나님을 영화롭게 하는 삶을 살겠다는 헌신을 한다.

기도 전략 당신이 세운 기도 전략을 따라 기도하십시오.

제2과

관계를 통한 전도

Building Redemptive Relationships

새로운 직장에 출근하기 시작한 브룩(Brooke)은 함께 일하는 여자 직원 두 명이 자신을 싫어한다는 사실을 알게 되었습니다. 브룩이 들어온 자리는 전에 그들이 함께 일하던 친구가 사직하고 나간 자리였습니다. 그들은 새로 들어온 브룩이 그 지위에 걸맞지 않다는 인상을 심어주기로 작정했습니다.

"이 모든 것 위에 사랑을 더하라 이는 온전하게 매는 띠니라"(골 3:14).

6년이 지나 브룩이 가족과 함께 이사가게 되었을 때, 그녀와 이별 파티를 계획하고 주관한 사람들은 다름아닌 그 두 여직원이었습니다. 회사측에서는 두 사람에게 고별사를 부탁했습니다. 그들은 떠나는 그녀를 껴안아 주었습니다.

브룩을 따돌리려하던 두 여직원의 태도가 지난 6년 동안 이렇게 급격히 변할 수 있었습니까? 브룩은 그들이 자신에 대해 못마땅한 태도를 보이기 시작하자, 곧 기도하기 시작했습니다. 한 해에 걸친 긴 기도 끝에 그들의 태도에 변화가 찾아오기 시작했습니다. 브룩은 우리에게 다음과 같이 자신의 마음을 털어놓았습니다. "그들이 저를 대하는 태도와 상관없이 그들을 사랑하기로 마음먹었습니다. 저에게는 하나님이 그들의 마음을 녹이실 것이라는 사실과 저를 사용하셔서 하나님의 사랑을 드러내실 것에 대한 믿음이 있었습니다."

우리의 직장은 세상에서 빛과 소금의 역할을 할 수 있는 가장 좋은 장소입니다. 많은 사람들은 직장에서 영향을 주는 사람이 되기보다는 자신의 행동이 세상에 의해 조종받도록 방치하는 과오를 범합니다. 우리가 하나님께 순종함으로 하나님과 동역할 때에 하나님은 우리로 하여금 잃어버린 영혼들을 구원으로 이끄는 관계를 맺게 하십니다. 그리스도인의 신앙은 전인격적인 것입니다. 삶의 모든 영역에서 드러나야 합니다.

영혼을 구원하기 위한 관계성을 맺는 방법

당신은 누군가와 우연히 함께 일하게 된 것이 아닙니다. 하나님은 당신이 그 사람들과 함께 일하며 당신과 그들을 영적으로 성숙시키실 목적을 가지고 계십니다. 다음에 제시된 지침은 산상수훈의 가르침을 바탕으로 한 것으로, 직장에서 특정 사람들을 우리에게 보내주신 하나님의 주도권을 깨닫는 데 도움을 줄 것입니다.

원수를 사랑하라

"또 네 이웃을 사랑하고 네 원수를 미워하라 하였다는 것을 너희가 들었으나 나는 너희에게 이르노니 너희 원수를 사랑하며 너희를 핍박하는 자를 위하여 기도하라 이같이 한즉 하늘에 계신 너희 아버지의 아들이 되리니" (마 5:43-45).

♣ 당신의 일터에 원수가 있습니까? 그들을 향해 무조건적인 사랑을 기대하시는 하나님의 음성을 들으십니까? 만일 그렇다면 그 사람이 누구입니까?

____

____

경쟁이 심한 일터에서는 당신을 마치 원수처럼 취급하는 사람들을 만날 수 있을 것입니다. 이러한 사람들을 만나게 되면 무조건적인 사랑을 베풀 수 있는 관계를 맺어야 합니다. 이는 곧 하나님의 일에 동참할 수 있는 기회이기 때문입니다. 까다로운 상대를 대하는 세상의 방법은 동일하게 까다롭게 하는 것입니다. 따라서 세상 사람들은 원수를 사랑하는 삶의 모습을 경험할 때 충격을 받습니다. 원수를 사랑하는 삶을 사는 사람은 하나님의 공급과 보호를 믿으며, 하나님의 목적을 성취하기 위해서 환경에 영향을 미치며 살아갑니다. 원수를 사랑하라는 하나님의 초청에 귀를 기울이십시오.

황금률을 따라 살라

"그러므로 무엇이든지 남에게 대접을 받고자 하는 대로 너희도 남을 대접하라 이것이 율법이요 선지자니라" (마 7:12).

♣ 마태복음 7:12을 통해 하나님은 우리에게 영혼을 구원하는 관계성을 맺는 방법을 명백히 제시하셨습니다. 당신이 황금률대로 살 수 있는 방법 앞에 표하십시오. 그리고 당신 자신만의 방법을 생각해 보십시오.

_____ 다른 사람의 필요가 보일 때 그것을 채워주려고 노력한다.
_____ 도움이 필요한 사람을 돕는다.
_____ 병든 사람을 문안한다.
_____ 사랑하는 이를 잃은 사람을 위로한다.
_____ 용서받아야 할 사람을 용서한다.
_____ 외로운 사람의 친구가 되어 준다.
_____ 다른 사람의 즐거움에 동참한다.
_____ 훌륭한 일을 해낸 사람을 칭찬한다.
_____ 실패한 사람을 격려한다.

당신의 인생을 다른 사람들을 위해 투자하라

"오직 우리가 너희 가운데서 유순한 자 되어 유모가 자기 자녀를 기름과 같이 하였으니 우리가 이같이 너희를 사모하여 하나님의 복음으로만 아니라 우리 목숨까지 너희에게 주기를 즐겨함은 너희가 우리의 사랑하는 자 됨이니라" (살전 2:7-8).

바울이 데살로니가 교회에게 보낸 편지에서 사람들을 향한 그의 사랑이 묘사되어 있습니다. 그 내용을 읽으셨습니까? 바울은 사람들에게 비단 복음만 전한 것이 아닙니다. 그들을 사랑했기 때문에 그들과 삶을 나누었습니다. 그는 마치 엄마가 자녀를 사랑하듯이 그들을 돌보았습니다. 복음을 사랑한 그는 영혼을 구원하기 위한 관계성을 형성하는 데 자신의 삶을 헌신했습니다.

♣ 고린도전서 9:19-23을 읽고 바울의 삶을 더 자세히 관찰하십시오. 바울은 영혼 구원을 위한 관계를 어떻게 맺었습니까? 그가 어떤 사람들에게 영향을 미쳤는지 밑줄을 그으십시오.

"내가 모든 사람에게 자유하였으나 스스로 모든 사람에게 종이 된 것은 더 많은 사람을 얻고자 함이라 유대인들에게는 내가 유대인과 같이 된 것은 유대인들을 얻고자 함이요 율법 아래 있는 자들에게는 내가 율법 아래 있지 아니하나 율법 아래 있는 자같이 된 것은 율법 아래 있는 자들을 얻고자 함이요 율법 없는 자에게는 내가 하나님께는 율법 없는 자가 아니요 도리어 그리스도의 율법 아래 있는 자나 율법 없는 자와 같이 된 것은 율법 없는 자들을 얻고자 함이라 약한 자들에게는 내가 약한 자와 같이 된 것은 약한 자들을 얻고자 함이요 여러 사람에게 내가 여러 모양이 된 것은 아무쪼록 몇몇 사람들을 구원코자 함이니 내가 복음을 위하여 모든 것을 행함은 복음에 참예하고자 함이라" (고전 9:19-23).

♣ 영혼 구원을 위한 관계를 맺는 데 바울이 사용한 가장 중요한 전략은 무엇이었습니까?

_____ 바울은 사람들이 자신을 보다 잘 이해할 수 있도록 자신의 생각과 믿음을 설명했습니다.

_____ 바울은 자신을 타인과 동질화시킴으로 삶에 대한 사람들의 견해를 이해하려고 노력했습니다. 그는 사람들이 하나님 나라에 들어가게끔 도와 주는 섬김의 삶을 살았습니다.

바울은 자신을 사람들과 동질화시켜 그들의 독특한 관점에서 복음을 이해하도록 도왔습니다. 바울은 사람들을 그리스도께 인도하기를 소원하였고, 그것이 가져다주는 기쁨(축복)에 동참하였습니다.

♣ 우리에게 친숙한 선한 사마리아인 예화는, 자신의 인생을 다른 사람을 위해 투자한 사람에 관한 이야기입니다. 그는 자신을 통해 하

나님이 일하시도록 하였습니다. 하나님 나라를 위해서 당신이 투자해야 할 사람이 누구인지 알려주시도록 기도하십시오. 그 이름을 아래에 쓰십시오.

상대하기 어려운 사람을 상대함

바울이 사람들과 관계에서 항상 좋은 결과를 경험했던 것은 아니었습니다. 그는 다섯 번이나 채찍질 당했습니다. 세 번 매를 맞고 한 번은 돌팔매질도 당했습니다. 다메섹에서는 바구니를 타고 성벽을 내려와 체포되는 것을 면했습니다(바울이 받은 핍박에 관해서 고린도후서 11장을 참조하십시오). 그럼에도 불구하고 바울은 다음과 같이 말했습니다. "그러므로 내가 그리스도를 위하여 약한 것들과 능욕과 궁핍과 핍박과 곤란을 기뻐하노니 이는 내가 약할 그 때에 곧 강함이니라"(고후 12:10).

♣ 당신은 직장에서 상대하기 힘든 사람을 전도하기 위해 그와 관계를 맺음으로 하나님의 일에 동참한 적이 있습니까? 만일 그렇다면 그 결과가 어떠했습니까?

당신 주변에서 일하시는 하나님의 일을 볼 수 있게 해 달라는 기도를 하십시오. 당신이 되도록 아니기를 바라는 상대를 보여주시고, 그를 향한 하나님의 일에 참여할 것을 요구해도 놀라지 마십시오. 하나님은 당신에게 믿음을 요구하시는 상황 가운데로 인도하실 수 있습니다. 하나님을 신뢰하십시오. 당신이 취해야 할 행동을 드러내 주시도록 기도하고 하나님을 의지하십시오.

> **기도 전략**
> 당신의 직장에서 함께 일하는 몇몇의 사람들을 위해서 기도해 보고, 하나님께서 그중 특정한 한 사람에 대해 부담을 주시는지 살펴보십시오. 당신이 원수를 사랑하고 타인을 사랑하며 자신이 대접받고자 하는 대로 남을 대접할 수 있도록 주님께 기도하십시오.

제3과

복음 증거의 범위를 확장함

Expanding My Witness

"너희 속에 있는 소망에 관한 이유를 묻는 자에게는 대답할 것을 항상 예비하되 온유와 두려움으로 하고"(벧전 3:15).

루이스(Louise)는 병원 자원봉사 일에 큰 만족감을 느낍니다. 은퇴하고 혼자 된 그녀는 매일 읽을 거리를 병실에 배포하며 환자들과 만나는 일을 좋아합니다. 그녀는 최근에 희귀한 종류의 암으로 투병 중인 27세 된 브라이언이라는 청년에게 복음을 전했습니다.

브라이언은 잠시 놀라운 눈빛으로 루이스를 쳐다보면서 말했습니다. "당신은 천국이 있다고 믿으세요?" "물론 있지요. 제 남편이 지금 천국에 있다고 저는 믿어요"라고 그녀는 대답했습니다. 루이스는 계속해서 자신의 남편이 그리스도인이었음을 설명해 주며 자신의 간증을 브라이언에게 나누었습니다. 그 일이 있은 지 얼마 안 되어 그는 퇴원했고, 다시 그를 만나지 못했습니다. 하지만 그녀가 병실을 방문할 때마다 하나님의 함께 하심을 더욱 느낄 수 있었습니다.

우리는 일터에서 우리의 영향력에 대해 온전히 알 수 없습니다. 우리의 의무는 하나님께서 우리를 사용하시도록 우리 자신을 내어드리는 것입니다.

전도에 영향을 미치는 우리의 성품

찰리는 일할 때 책상 위에 성경을 올려놓고 일했습니다. 자신이 신앙인이라는 것을 직장 동료들에게 알리고 싶었기 때문이었습니다. 그는 가끔 전도지를 배포하기도 했습니다.

하지만 찰리에게는 문제가 있었습니다. 그는 유능한 사원이 아니었습니다. 그는 자주 자신의 업무를 소홀히 하였기 때문에 부족한 부분을 채우기 위해 동료들이 더 많은 일을 해야 했습니다. 하루는 그런 찰리에게 화가 난 직장동료 중 한 사람이 불만을 토했습니다. "찰리가 우리를 전도하기 위해 예수님에 대해서 그처럼 말하는 시간을 줄인다면 자신의 일을 해낼 수 있을 텐데!"

직장에서 전도할 때에 당신의 성실함은 매우 중요한 요소로 작용합니다. 근무태만, 무관심, 책임감의 결핍과 미성숙한 감정 처리는 직장 전도의 방해 요소들입니다. 당신이 맡은 일을 '주께 하듯이' 하고 있지 않다면, 좀더 생산적이며 성실한 고용인이 되는 것부터 연습하십시오.

"우리가 무슨 일이든지 우리에게서 난 것같이 생각하여 스스로 만족할 것이 아니니 우리의 만족은 오직 하나님께로서 났느니라" (고후 3:5).

하지만 일 처리를 잘 하는 능력은 인간적인 노력으로만 얻어질 수 있는 것은 아닙니다. 그것은 하나님께로부터 옵니다. 하나님은 우리 각자에게 은사와 재능 그리고 능력을 주셨으며, 우리가 좋은 청지기가 되기를 원하십니다. 그러므로 우리의 목표는 최선의 것을 달성하는 데 있습니다. 성실성은 하나님의 성품이기 때문에, 그것이 우리 삶에 드러날 때 하나님께 영광이 됩니다. 그러므로 성실성은 우리의 삶을 통치하시는 하나님의 절대 주권에 대한 증거가 됩니다.

> "또 너희에게 명한 것같이 종용하여 자기 일을 하고 너희 손으로 일하기를 힘쓰라 이는 외인을 대하여 단정히 행하고 또한 아무 궁핍함이 없게 하려 함이라"(살전 4:11-12).

"당신의 말과 행동이 달라서 당신의 말을 받아들일 수가 없군요"라는 말은 일터에 적용되는 말입니다. 우리의 삶은 우리가 하는 말과 맞아야 합니다. 일터에서 그리스도의 성품을 드러낸 후에야 우리는 하나님께 말로 전도할 수 있는 기회를 주시도록 구할 수 있습니다.

목적 의식을 가진 전도

복음을 우연히 전하는 사람은 없습니다. 우리 부부의 친구가 다음과 같은 예를 말한 적이 있습니다. 한 보험 판매원이 그녀의 집에 찾아와서 대화를 나누던 중 아들이 뛰어들어왔습니다. 아이의 옷은 엎지른 음료수로 얼룩져 있었습니다. 그때 즉시 보험회사 직원은 자신이 돕겠다고 제안하더니 차로 뛰어가서 그가 부업으로 판매하고 있는 특수 세제를 가지고 돌아왔습니다. 그는 재빨리 얼룩을 지웠고, 그녀는 특수세제를 한 병 샀습니다. 그 판매원은 필요에 민감하였고, 자신의 경험에 의지하여 적절한 행동을 취하였습니다.

일터에서 우리의 간증은 필요에 대한 반응으로 나올 때 가장 효과적입니다. 우리가 경험한 것과 유사한 필요를 채우기 위해서 우리의 삶에서 일어났던 일을 나눌 수 있습니다. 전도에 대한 준비성과 기회에 민감하게 반응할 수 있는 능력은, 우리의 일터에서 하나님 나라 건설의 목적의식을 심어줍니다.

제약회사 판매원인 잭은 직장에서 그리스도를 증거할 수 있는 기회가 많이 있습니다. 그는 사람들과 관계성을 형성해 가며 자신의 믿음을 직장 동료들과 나누기 위한 적절한 시기를 택함에 있어서 성령님께서 주도하시도록 의지합니다. '하나님이 주도하시는' 경험을 통해 하나님은 잭의 인생에 깊이 간섭하셨습니다.

병원 대기실에서 순서를 기다리던 잭은 옆자리에 앉아 있는 젊은 남자에게 말을 걸었습니다. 대화의 흐름은 그 남자가 병원을 찾게 된 이유로 흘러갔습니다. 그는 백혈병으로 투병중이었고, 의사의 진단은 절망적인 것이었습니다. 잭은 그가 죽게 된다면 그 이후에 일어날 일에 대한 평안함이 있는지 젊은 남자에게 질문했습니다. 그는 확신이 없다고 대답했습니다. 그는 몇 번 교회에 가 본 일이 있지만, 하나님에 대해 아는 것이 거의 없다고 고백했습니다.

잭은 시간을 내어 그와 함께 점심을 먹기로 약속했습니다. 그후 4개월에 걸친 교제를 통해서 그는 잭과 가족처럼 가까운 사이가 되었습니다. 그는 그리스도를 영접하였고 책은 그가 세상을 뜨기 며칠 전까지 그를 양육하였습니다.

이 젊은 남자가 그리스도께로 인도되는 데 하나님께서 책을 사용하셨다는 사실에 대한 기쁨은, 감격의 눈물과 감사를 자아내는 것입니다. 그 젊은이의 가족은 그의 마음이 절망에서 희망으로 변화되는 것을 보며, 일하고 계신 하나님을 경험했습니다.

복음 전도를 위한 계획을 세우라

만일 어떤 사람이 당신에게 다가와 그리스도인이 되는 방법을 물어보는데 어떤 대답을 해야할지 모른다면 그것은 비극입니다. 3단원 마지막 부분에서 이미 구원받는 방법에 대해 다루었습니다. 그것을 복사하여 당신이 일하는 직장에 가져다 놓으십시오. 그 내용에 익숙해질 때까지 읽도록 하십시오. 그렇지 않으면 복음이 잘 소개된 전도지나 신약성경을 사용하십시오. 믿지 않는 사람들과의 만남을 준비함으로 당신이 직장에서 복음의 증인이라는 깊은 인식을 하나님께 알려드리십시오.

기도 전략

당신의 직장에서 그리스도인이 아닌 사람들이 누구인지를 생각해 보고 그들의 구원을 위한 기도를 기록하십시오. 그들에게 예수 그리스도를 전하는 데 있어서 당신을 사용하시도록 기도하십시오. 그리고 하나님께서 제공하시는 기회에 민감하게 반응할 수 있도록 기도하십시오.

제4과

하나님의 동역 네트워크를 발견함

Discovering God's Network

하나님은 하나님 나라 사역자가 홀로 일하도록 계획하지 않으셨습니다. 하나님은 당신의 사역에 중요한 역할을 할 영적인 체계를 마련해 놓으셨습니다. 이 영적인 네트워크는 다음과 같은 사람들을 포함하게 됩니다.

· 당신 교회의 교인
· 당신 직장에서 함께 일하는 그리스도인들
· 직장에서 함께 일하지는 않지만 당신이 관련을 맺고 사는 그리스도인들
· 같은 종류의 직종에 종사하거나 사업을 하는 그리스도인들

교회의 교인들

"너희는 그리스도의 몸이요 지체의 각 부분이라"(고전 12:27).

당신이 거듭나면 하나님은 당신을 그리스도의 몸에 속하게 하십니다. 그리스도의 몸은 예수님을 머리로 한 하나의 유기체입니다. 지체들은 함께 일하며 그리스도께서 부과하신 사명을 감당하도록 지음 받았습니다. 그리스도의 몸의 실체인 당신의 지역 교회 교인들은 여러 가지 방법으로 일터에서 당신의 사명과 연관되어 있습니다. 어떤 면에서 그렇습니까? 그들은 당신 자신과 당신이 일할 때 직면하게 되는 어려움을 위해 기도해 줍니다. 또한 일과 관련된 성경적인 상담을 해 줄 수도 있으며, 당신의 일터에 대한 하나님의 계획을 분별할 수 있도

록 돕기도 합니다.

하나님은 교회 지체들을 사용하셔서 힘들 때 당신을 위로하시며, 당신이 그리스도인다운 행동에서 벗어나면 바르게 고쳐줍니다. 하나님께서는 교회 지체들과 함께 당신을 통해 승리를 거두실 때 당신과 함께 기뻐합니다.

> "서로 돌아보아 사랑과 선행을 격려하며 모이기를 폐하는 어떤 사람들의 습관과 같이 하지 말고 오직 권하여 그날이 가까움을 볼수록 더욱 그리하자"(히 10:24-25).

♣ 현재 당신의 영적인 네트워크에 속해 있는 교인들은 누구입니까? 그들은 기도 파트너, 선생님, 모임의 임원, 목사님, 집사님 또는 그리스도 안에서 또 다른 형제와 자매들일 수 있습니다. 그들의 이름을 기록하고 당신의 일을 돕는 데 하나님께서 그들을 어떻게 사용하시는지 쓰십시오.

____

____

____

____

일터에서 함께 일하는 그리스도인

그리스도인들은 함께 일하는 다른 그리스도인들과 단절된 상태로 지내는 경우가 간혹 있습니다. 그들은 자신이 맺고 있는 그리스도와 관계성에 대해 침묵하고 있거나, 누가 신앙인인지 알지 못하는 경우도 있습니다.

우리 부부가 본 교재를 집필하게 된 이유가 바로 여기에 있습니다. 그리스도인들은 하나님의 백성들이 하나 되는 일터에서 그리스도의 역동적인 권위를 경험할 필요가 있습니다. 하나님은 단지 한 사람이 아닌 모든 사람들을 통해 일하기를 원하십니다. 이와 같은 경험을 나눌 때에 우리의 믿음은 강건하여지고 우리 안에 기쁨이 충만하게 됩니다.

♣ 하나님께서 당신의 영적인 네트워크에 속해 있는 사람들이 누구인지 알려주셨습니까? 만일 그렇다면 그들의 이름을 여백에 쓰십시오.

____

____

____

____

일터 밖의 그리스도인

당신은 하나님께서 당신의 일터 외부에 있는 네트워크를 일터 내에서 사용하시는 것을 발견하게 됩니다. 당신의 생각을 도울 다음의 사항들을 활용하십시오.

- 본사나 지사 또는 자매 회사에서 근무하는 그리스도인들
- 회사에 제품과 서비스를 제공하는 행상인들
- 고객과 판매원
- 정부 기관 간부

하나님께서 영적인 네트워크에 속해 있는 사람들을 알려주시도록 구하십시오. 기도 응답의 결과로 그 사람들이 드러나는 것을 주의하여 보십시오. 사람들과 관계를 맺을 때 상대방이 그리스도인임을 드러내는 말이나 행동을 하는지 주목하십시오.

일터 외부 사람들로 구성된 네트워크는 당신에게 조언과 방향 인도의 역할을 할 수 있습니다. 그들은 당신의 기도 파트너가 되기도 합니다. 하나님께서 그들을 사용하셔서 기도에 응답하시거나 업무를 달성하실 수도 있습니다. 어쩌면 그들은 당신이 직장에서 미치지 못하는 영역까지 영향력을 행사할 수 있을지도 모릅니다. 이 네트워크는

상호적이라는 사실을 명심하십시오. 하나님은 당신을 다른 사람의 일터에서 사용하실 수 있습니다.

♣ 당신의 일터 밖에 있는 사람으로 그리스도인이라고 생각되는 사람의 이름을 한 사람 이상 적으십시오. 영적인 네트워크를 통해 하나님께서 당신의 일터 밖에서 일하실 수 있는 방법을 생각해 보고 그것을 기록하십시오.

____

____

____

____

같은 직종이나 사업에 종사하는 그리스도인

♣ 다음에 이어지는 문단을 읽고 거기 제시되어 있는 제안을 적용할 수 있는 방법을 생각나는 대로 적어 보십시오.

____

____

____

____

동일한 직종에 종사하는 사람들은 당신의 네트워크에 또 다른 근원을 제공합니다. 비슷한 종류의 일을 하는 사람들과 대화하고 기도하면서, 당신은 당신의 일터에 대한 하나님 나라 계획을 보다 잘 이해할 수 있게 될 것입니다. 그들은 당신이 업무에서 직면해 있는 어려움과 당신이 내려야 하는 윤리적, 도덕적, 법적으로 어려운 결정들, 당신이 지치고 무기력하게 느끼거나 상처 입는 이유 그리고 타협하도록 압박하는 환경 등을 누구보다도 잘 이해합니다.

당신은 또한 동일 업종에 종사하지만, 분야가 다른 그리스도인들과의 관계에서 이득을 얻을 수 있습니다. 병원에서 의사, 간호사, 물리 치료사, 약사, 사회복지사가 함께 기도할 때 그것이 지닌 가치를 상상해 보십시오.

네트워크를 활용한 사역

하나님은 주도권을 갖고 계신다. 하나님의 인도와 지시를 따르라.

하나님께서 당신의 네트워크를 사용하여 하시고자 하는 사역은, 하나님이 주도권을 갖고 계심을 잊지 마십시오. 당신 자신의 능력으로 일을 하거나 일을 위하여 사람들을 조종하려는 시도를 하지 마십시오. 하나님이 지도하시고 인도하시도록 맡기십시오. 동시에 하나님께서 주시는 것을 받을 준비를 하십시오. 하나님께서 하시는 일을 보여주실 때에 그것에 동참하고 그분께 순종하기 위해서 필요한 삶의 조정을 하십시오.

기도 전략

당신의 삶에서 하나님 나라 네트워크에 속해 있는 사람들을 보여주시도록 기도하십시오. 그리고 각각의 사람들을 위해 기도하십시오. 하나님께서 당신이 이 네트워크를 어떻게 결성하기를 원하시는지 여쭈어 보십시오.

제5과

하나님 나라 사역 전략의 실행

Implementing a Kingdom Work Strategy

칼, 루이스, 에드윈 그리고 프랭크는 일주일에 한 번 업무를 시작하기 전에 회사에서 모임을 가집니다. 몇 달전 칼은 함께 모여서 기도하고 일과 관련된 문제들을 나눌 것을 제안했습니다. 모두 동의하여 첫 번째 모임을 가졌습니다. 그런데 첫 번째 모임은 '불평 토로회'가 되어 버렸습니다.

그 다음날 칼은 그들에게 사과하며 기도회의 목적을 다시 설명해 주었습니다. 모임의 목적은 일터에 함께 하시는 하나님의 절대 주권적 통치를 깨닫고 하나님께서 그곳에서 하고 계신 일에 동참하기 위한 것이었습니다. 칼은 모임의 목적이 적혀 있는 카드를 만들어 각 사람에게 나누어 주었습니다. 모임 시간에 회원들은 그 카드를 잘 볼 수 있는 곳에 놓았습니다.

그 이후로 하나님께서 그들의 모임을 복주셨습니다. 최근에 루이스는 모임에 안젤라를 데리고 나왔고, 수잔도 모임에 참석하겠다는 약속을 했습니다. 매주 그들은 칼과 함께 모여서 하나님께서 자신을 계시하실 것을 기대하며 기도했습니다. 하나님께서는 기도와 함께 그 회사 안에서 역사하시고 계시는 것입니다.

업무 중심의 셀 그룹

"너희가 짐을 서로 지라 그리하여 그리스도의 법을 성취하라"(갈 6:2).

전 세계적으로 그리스도인들은 자신들의 일터에서 모임을 조직하여 하나님 나라 사역 전략을 개발하며 실행하고 있습니다. 직장에서 그들은 하나님을 대표하는 자들로서 서로 격려하고 기도로 지원하며 책임지기 위해 서로를 필요로 하는 사람들입니다. 이러한 특성을 지닌 그룹을 당신의 교회나 직장에서 시작할 수 있도록 준비하십시오.

당신과 네트워크를 형성하고 있는 사람들과 기도하면서, 하나님께서 당신의 일터를 위한 계획을 드러내실 것을 기대하십시오. 그 그룹 안에서 하나님께서 주시는 지식과 통찰력을 서로 나누게 됩니다. 직장에서 함께 일하는 그리스도인들은 다음과 같은 일들을 할 수 있습니다.

- 직장 상사를 위해 기도한다.
- 복음이 필요한 사람들을 위해 기도한다.
- 하나님께서 어떻게 일하고 계신가를 서로 나눈다.
- 성경 말씀을 실제 업무에서 적용할 수 있는 방법을 의논한다.
- 회사의 죄를 고백하고 하나님께서 그곳을 변화시키시도록 기도한다.
- 서로를 위해 기도할 뿐 아니라 업무와 관련된 특정 문제를 위해 기도한다. 그것은 인간 관계, 결정 혹은 난제 등의 문제일 수 있다.

모임을 위해 근무시간을 활용하지 말라.

직장 동료로 구성된 그리스도인들의 모임은 점심시간이나 휴식시간, 업무를 시작하기 전이나 후에 가질 수 있습니다. 혹은 퇴근 후 교회 또는 서로 이용하기에 편리한 장소를 택해서 만날 수도 있습니다. 모임을 위해 근무시간을 활용하지 마십시오. 전도는 당신이 속해 있는 직장의 직원으로서 성실하고 유능하게 일함으로 모든 일에서 하나님을 영화롭게 해 드리려고 노력하는 데서 시작됩니다.

♣ 함께 일하는 그리스도인들과 만날 수 있는 시간이 언제입니까? 모임을 시작할 방법을 모색하십시오. 본 교재를 사용하는 성경공부 모임에서 그 구체적인 계획을 나누십시오.

본 교재를 사용함

직장에서 형성된 모임에서 본 교재, 「일터에서 하나님을 경험하는 삶」을 함께 공부할 수 있습니다. 본 교재를 꾸준히 공부한 당신은 필요에 따라 그룹 성경공부를 인도할 수도 있을 것입니다.

공부의 분량은 모이는 장소와 시간에 따라 조절할 수 있습니다. 모임을 위해 한정된 장소는 없지만, 되도록 방해받지 않는 조용한 장소를 택하십시오. 모임에 속한 사람들이 할당된 숙제를 반드시 해 오도록 권면하십시오. 그렇지 않으면 성경공부의 영적, 교육적 기초가 확립되지 않게 됩니다. 성경공부를 성실하게 하지 않는 사람들은 모임 시간을 통해서 공급만 받을 뿐, 그룹 전체에 기여할 수 없습니다. 또한 매일 개인적으로 하나님과 만나는 시간 없이는 하나님께서 그들을 준비시키실 기회가 없습니다.

교재를 구입하지 못하는 형편에 있는 사람을 위해서 장학금을 개설하여 교재를 공급하는 방법도 고려하십시오. 일터에서 하나님의 뜻을 구하는 셀 그룹 모임에 참여해서 함께 공부하십시오.

하나님 나라 계획 복습

하나님께서는 아담과 하와에게 일을 분담시키셨습니다. 하지만 그들은 하나님께서 정하신 영역 밖으로 벗어났습니다. 아담과 하와의 죄와 우리들의 죄는 일터에 영향을 끼쳤습니다. 그 결과 일에 따르는 보상의 기쁨과 성취감은 하나님께서 의도하신 수준에 미치지 못하게 되었습니다.

예수님은 하나님 나라를 시작하시기 위해 이 땅에 오셨습니다. 그것은 하나님께서 계획하신 최초의 일터를 회복하기 위한 것이었습니다. 예수님은 그리스도인들에게 일을 맡기셨습니다. 그 일은 우리가 그리스도에 의해 회복된 하나님과 개인적인 사랑의 관계 가운데 있을 때에만 이루어낼 수 있습니다. 하나님 나라 사역자의 사명은 명백합

하나님 나라 사역자의 사명은 명백하다.

니다. 그것은 곧 하나님이 절대 주권자이시고, 우리가 순종하는 동역 관계를 하나님과 맺는 것입니다. 이것이 하나님 나라 계획의 핵심입니다.

우리의 믿음은 하나님 나라 계획에 관한 세 가지 사실에 기인합니다.

· 우리가 깨닫든지 깨닫지 못하든지 간에 하나님은 늘 우리 주위에서 일하고 계신다.
· 하나님은 사람들의 생각과 행동에 상관없이 하나님의 목적을 성취하신다.
· 우리가 하나님의 뜻에 순종하여 그분의 사역에 동참할 때 하나님은 우리와 우리 주변 세계를 변화시키신다.

세상 계획의 관심사는 하나님의 권위와 분리된 상태에서 인간의 욕구를 충족시키려고 하는 것입니다. 죄로 인해 일터가 타락한 결과 우리는 직장에서 하나님의 통치권을 거부하게 되었고, 자기 자신에 초점을 맞추어 살며 하나님과 분리된 상태에서 필요를 채우려고 노력하게 되었습니다.

그리스도는 우리가 자신을 부인하고 십자가를 지고 예수님을 좇을 때에 하나님께서 의도하신 일터를 회복시키십니다(눅 9:23). 이를 위해서 우리는 삶을 하나님의 절대 주권 안으로 조정해야 하며, 우리 자신의 계획을 버리고 하나님 나라 사역 전략에 따라 살아야 합니다. 하나님 나라 사역을 위한 전략 안에 다음과 같은 요소들이 포함됩니다. 기도, 전도를 위한 관계성 형성하기, 전도의 범위 확장, 영적 네트워크의 활동 그리고 서로 격려하고 지원하며 하나님 나라 계획에 대해 책임감을 갖도록 돕는 업무를 중심으로 구성된 그룹 모임 등입니다. 우리가 어디서 무슨 일을 하며 살든지 우리의 목표는 하나님께서 영광 받으시도록 하는 것입니다.

기도 전략

교재를 공부하면서 하나님께서 구체적으로 말씀하신 것들에 대해 감사하십시오. 하나님 나라를 위해 당신을 부르신 일에 대한 당신의 헌신을 새롭게 하십시오. 당신의 일터를 하나님의 영광을 위해 회복하시도록 주님께 간구하십시오.

요단 사역정신

"그러므로 너희는 가서 모든 민족을 제자로 삼아 아버지와 아들과 성령의 이름으로
침(세)례를 베풀고 내가 너희에게 분부한 모든 것을 가르쳐 지키게 하라
볼지어다 내가 세상 끝날까지 너희와 항상 함께 있으리라 하시니라"

1. For God and Church
   하나님의 영광과 그의 몸 된 교회의 영적 성장과 성숙을 위한 도서를 엄선하여 출판한다.
2. Prayer-focused Ministry
   기획 • 편집 • 제작 • 보급의 전 과정을 기도 가운데 진행한다.
3. Path to Church Growth
   건강한 교회를 세우는 축복의 통로로 섬긴다.
4. Good Stewardship and Professionalism
   선한 청지기와 프로정신으로 문서 사역에 임한다.
5. Creating a Culture of Christianity by Developing Contents
   각종 문화 컨텐츠를 개발함으로 기독교 문화 창달에 기여한다.